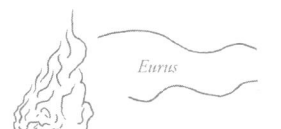

マーク・ピーターセン Mark Petersen

実践 日本人の英語

岩波新書
1420

はじめに

　最近，ネットサーフィンしていたところ，たまたまたどり着いたブログで，あるテレビ画面の写真に出会った．そこには次の興味深い日本語が映し出されていた．

海外でホテルにチェックインし，客室のテレビで日本語チャンネルを選択したら出てきた画面を撮ったのだそうだ．

　きれいな海を背景にしている上記の日本語は，いったいどのように生まれてきたのだろうと，不思議に思った．まず，「ありがとうございます」とか「ありがとうございました」ではなく，いきなり，ただぶっきらぼうに「ありがとう」という，挨拶としての不適当さが極めて印象的である．

また，その次の「あなたの訪問を楽しんだことを私たちが望む」という一文は具体的に何を言おうとしているのか，これだけでは判断しにくい．「楽しんだ」という動詞1つを取り出してみても，そもそも「楽しんだ」のが果たして誰なのかがわからない．が，これは「普段英語を使っている人が作った日本語」であろう，という想像に立って考えてみると，どうしてこんな表現になったのか，2通りの解釈ができそうだ．

(1) もし「楽しんだ」という日本語の《完了形》が正しく使われていたと考えるなら，英語なら

Thanks. We hope you enjoy**ed** your visit.

というように，ホテルのスタッフが，客の宿泊，もしくは，この地での滞在が楽しいもの**だった**なら嬉しく思う，というような気持ちを表そうとしている可能性がある．ただ，着いたばかりのお客さんに対して，そういった内容の文が表示されることはなかなか考えにくい．それともこれは，チェックアウトしようとしているお客さんへのメッセージとして書かれたものだったのだろうか．

(2) もし「楽しんだ」という日本語の《完了形》がただ単に何らかの誤解によるあやまちだとすれば，英語なら

Thanks. We hope you **enjoy** your visit.

というように，宿泊，もしくは，この地での滞在が楽しいものに**なる**よう望んでいることを表すつもりで書かれた可能性もある．少なくとも，この後者のほうが「初画

面」としては内容的にふさわしい．

　いずれにしても，「訪問」「望む」という妙な語彙選択も不思議だし，「望みます」や「望んでおります」のように「ですます調」を使わず「望む」という「である調」を使っているのも気になる．そして，「私達**が**望む」の「が」の不自然さも目立つ．問題が目白押しの一文である．

　読者の皆さんは，上記の日本文を見てどう思われただろうか？　「「楽しんだ」でも「楽しむ」でも，「が」でも「は」でも，何となく言いたいことはわかるんだから，これでいいんじゃないの？」と思うほど寛容な人は，あまりいないのではないだろうか．

　これはまったく「お互いさま」で，日本人が英語で何かを書くときも，同じことである．お互い，ささいなことと思える誤りによって，ネイティヴ・スピーカーから見ると不可解な文を書いてしまうことがあるのだ．

　日本語にせよ，英語にせよ，ネイティヴ・スピーカーではない人が，外国語で何かを正確に，適切な文体で書こうとすることは，とても難しいことである．私は，上述の画面を見かけたとき，これまで見てきた，英語圏出身の日本語学習者の作った和文を思い出した．特徴はいろいろあるが，たとえば，

　I have plenty of money.（私はお金を十分に持って

います）
のつもりで日本語を書こうとして，have が現在形なので，「私はお金を十分に**持ちます**」と書いてしまうことがある．こう書いてしまっても，英語の時制用法の縛りから脱却できていない日本語学習者の目には，まったく問題のない日本語だと思えてしまう．むしろ「持っています」という日本語は英語の現在進行形に対応するものだ，と誤解して，「持っています」と書いたら間違いになるのではないかと思ってしまうのである．

助詞の使い方にもトラブルが起こりやすい．たとえば，
　　She kissed her pet dachshund.（彼女は愛犬のダックスフントにキスした）

のつもりで，dachshund は kissed の目的語であり，目的語は日本語で「〜を」と示すはずなので，「彼女は愛犬のダックスフント**を**キスした」と書いたり，
　　I will contact him directly.（私は彼に直接連絡します）

のつもりで，「私は彼**を**直接連絡します」と書いたりする．

さらにまた，
　　Before I prepared dinner, I washed both my hands.
　　（私は食事の支度をする前に，両手を洗った）

のつもりで，prepared（支度した）が，主節の washed（洗った）との時制の一致によって過去形になっているこ

とをそのまま受けて，日本語でも「私は食事の支度を**した前に**，両手を洗った」と書いてしまったりすることもある．もちろん伝えようとしていることが想像できないわけではないが，与える印象はあまりよくないだろう．

いっぽう，英語にも英語の論理があり，たとえば「不定冠詞のaが付くべきところに付いていない」といった，日本人の書き手にとっては「ささいなもの」と見えるであろう間違いによって，英語圏の読み手にとっては「まったく不可解」な英文ができあがってしまう可能性が十二分にある．ようやくいい間柄が見えてきた商談関係の英文も，せっかくの研究成果の発表も，楽しく書いたつもりのe-mailも，こうしたちょっとした理解不足から伝えたいことが誤解されてしまったり，台無しになったりしたのでは，あまりにもったいないし，実に悔しい．

書いたのはもう25年も前になるが，拙著『日本人の英語』では，こうした「日本人のおかしやすい間違い」を吟味してみた．では，日常生活のなかの実際の場面で，そうした「おかしやすい間違い」を避け，自分の考えが正確に伝わる英文を書く力を我がものとしていくためには，どうすればよいだろうか？

ここで，最近大学で受け持つようになった授業が参考になった．学生に英文を書かせ，それを添削して返す．つまりは「英作文」である．学生が受け身になって聴く

講義形式などよりも，各自が作る英文の問題点を1つ1つ本人に説明しながら指導するほうが，なにより英文理解への早道であると思うからである．

　本書『実践 日本人の英語』では，この授業をヒントに，読者の皆さんに「英作文」を通じて，日本語とは異なる感覚と論理で組み立てられる英語への理解を深めていただけるようにしたいと考えている．具体的には，日本語を母語とする人間が日本語で考えた内容を英文で書き表そうとするときに，問題の起こりやすい表現を各章で取り上げていきたい．

　残念ながら，読者1人1人に英文を書いていただき，それを私が添削する，ということはできないが，学生の英作文や研究者，技術者の学術論文などで実際にあった例を中心に，「いかにもおかしやすい間違い」をあげていくことにしたい．

　本書にあげた問題点は網羅的なものではないが，長年「日本人の英語」の添削にたずさわるなかで，何度となく指摘し続けてきた「実践的」なポイントばかりであることはまちがいない．これらを1つ1つ克服していけば，英語での「伝達力」は確実に向上するはずである．

目　次

はじめに

1 「の」の話 ── 「AのB」 ……………… 1

2 マイ問題 ── 「私の〜」 ……………… 15

3 恋人は何人？ ── 冠詞と数 ………… 29

4 「なう」あれこれ ……………………… 47
　　── 「〜している」「〜します」

5 動詞のワンツーパンチ ……………… 65
　　── 「入社する」「〜を探す」

6 ありえない話 ── 「もし〜なら」 …… 85

7 「オンリー」ひとすじ？ …………… 105
　　── 「〜だけ」

8 副詞の「立ち位置」 ………………… 121
　　── 「ただ」「ほとんど」

9 接続詞, 力くらべ……………141
　　——「〜ので」「〜から」「〜て」
10 成り行きはNG……………159
　　——「そこで」「結果として」
11 脱・カタコト英語……………175
　　——「大人の」英語表現
12 日本語に負けない……………187
　　——「〜と思う」「〜など」

おわりに —— 3つの「小ワザ」伝授………211

あとがき……………223

1 「の」の話──「AのB」

　ごく単純な表現であるにもかかわらず，いざ「日本語から英語にする」となると，つまずきやすい表現は数多い．2つの名詞をつなげる「AのB」という表現も，その1つである．

　「奈央ちゃんの彼氏」なら Nao's boyfriend と，また「お金の価値」なら the value **of** money と誰でも思いつくかもしれないが，「AのB」を英語にするときには，常に "*A's B*" あるいは "*B* **of** *A*" という形が使えるのだろうか．

　3つ以上の名詞をつなげる場合も，日本語では「の」ばかり利用するケースが極めて多いようだ．たとえば，次のような日本語に出会うことも少なからずある．

> 先日の実験において，パナソニック社の携帯電話の性能の12.5％の向上を確認した．

　「の」が4つも続くのは日本語としても問題だというべきかもしれないが，これを試しに学生に英訳させてみると，単純に「の」を of に置き換えた，次のような答

えが続出した.

> an improvement **of** 12.5% **of** the performance **of** the cell phone **of** Panasonic

果たしてこれでよいのだろうか？ 「AのB」という表現を自然な英語にするには，どうしたらいいだろう．こうした「の」の話から始めよう．

＊　＊　＊

「AのB」を考える

まずは，2つの単語を「の」でつなぐという基本形から考えてみよう．

あらためて辞書を引いてみると，同じ「AのB」といっても，AとBのさまざまな関わりを表す日本語表現がある．

　　兄の本
　　英文の手紙
　　裏口のカギ
　　東京の叔父さん
　　満開の花

等々，実に多い．そして，こうした「AのB」という日本語を英語にしようとするとき，多くの人は，条件反射的に "A's B" あるいは "B of A" という形をまず使おうとするように思われる．

では，ここで問題を1つ出そう．上記の「AのB」という日本語表現の中で，"A's B" あるいは "B of A" という表現によって英訳できるものはいくつあるだろうか？　少し考えてみてほしい．

使える例，使えない例

確かに，「AのB」という形の日本語表現を英訳するのに，"A's B" あるいは "B of A" という言い方が使え

る例は多くある．以下のような例なら，その両方が使える．

　　鳥の巣　　a bird**'s** nest / the nest **of** a bird
　　本の表紙　a book**'s** cover / the cover **of** a book
　　知事の邸宅　the Governor**'s** mansion / the mansion **of** the Governor

しかし，

　　今日の新聞　today**'s** paper ○
　　　　　　　　the paper **of** today ×
　　米の粒　grain**'s** rice ×　a grain **of** rice ○

のように，いずれか1つしか使えないケースも決して少なくないし，どちらも使えないケースもよくある．

　ここで，前頁で出した問題に答えておくと，5つあげたなかで "*A***'s** *B*" あるいは "*B* **of** *A*" によって英語にできるのは，じつは

　　兄の本　my brother**'s** book ○
　　　　　　a book **of** my brother ×

ただ1つで，他の4つはどちらも使えないケースなのである．

　それでは，「"*A***'s** *B*" と "*B* **of** *A*" のどちらも使えない」という場合，「AのB」はどのような英語にすればよいのだろうか？

「代々木の喫茶店」

まずは1つ、典型的な間違いの例をあげてみよう。

私が担当している授業で、学生が英作文の冒頭のセンテンスとして、「私は、代々木の喫茶店でバイトをしています」ということを

I have a part-time job at a coffee shop **of** Yoyogi.

と書いたことがある。私はこれを、

I have a part-time job at a coffee shop **in** Yoyogi.

のように訂正した。

なぜ「代々木の喫茶店」の「の」を表そうとしているofをinに訂正する必要があったのだろう？ 簡単に言えば、a coffee shop **of** Yoyogi のままだと、まるでその一軒の喫茶店が代々木と呼ばれる地域に**属しているものである**かのような印象を与えてしまう表現だからだ。ofは「所有関係」や「出所」等々、さまざまな関係を示す前置詞だが、ここでのcoffee shopとYoyogiの関係は、ただ単に「Yoyogiにあるcoffee shop」なので、英語ではofではなく、inで示すのが自然なのである。

このように、日本語では「の」を使うが、英語では「of以外の前置詞」を用いるという例は多数ある。たとえば、最初にあげた5つの「AのB」のなかで、「兄の本」以外のものは、「of以外の前置詞」を使えば解決する。

英文の手紙　a letter **in** English

裏口のカギ　a key **to** the back door
東京の叔父さん　my uncle **in** Tokyo
満開の花　flowers **in** full bloom

「クラスメートの彩香ちゃん」
　次に、"*A*'s *B*" や "*B* of *A*" は使えない、かといって前置詞を取り替えることでも解決しないケースを考えてみよう。
　その典型的な例として、たとえば「クラスメートの彩香ちゃん」という、日本語としてはごくふつうの「AのB」の使い方があげられる。さて、英語ではなんと言えばいいだろうか？
　この表現では「クラスメート」と「彩香ちゃん」との関わりは、ある種の《同格》として示されており、この「の」は「クラスメート**である**彩香ちゃん」の意味を表す「の」だ。ところが、英語の"〜's ..."と"... of 〜"には、いずれも「〜である…」を表す機能がない。"a classmate's Ayaka"と言うと、まるであるクラスメートが彩香ちゃんを奴隷として**所有**しているかのような印象を与えてしまう英語になり、"Ayaka of a classmate"だと、何の意味も取れない言い方になってしまう。
　では、どうするか。「クラスメートの彩香ちゃん」の話なら、同格を示すカンマを使ってシンプルに"Ayaka, a classmate, ..."と言えばいいのである。日本語・英語

ともにいたってシンプルな表現だが，意外にこのコンマによる同格を思いつかない人が多いようだ．

どちらか一方がふさわしいのは

こうした「"*A*'s *B*" と "*B* **of** *A*" のどちらも使えない」場合があるのはわかったが，では，「"*A*'s *B*" と "*B* **of** *A*" のどちらか1つだけが使える」というのは，どのようなケースだろう？

これは，多くの場合，文体の問題である．たとえば「私が昨日買ったパソコンの性能」を "*A*'s *B*" の形を使って表現すると，

the computer I bought yesterday's performance

という言い方になってしまう．というのも，

the computer (that) I bought yesterday

のように，名詞が関係詞節に修飾されている場合，その節全体が1セットとみなされ，"~**'s**" が節尾に付けられる，というのが英語の文法だからである．だが，"the computer I bought yesterday's performance" はぎこちない表現だ．これに対して，of を使う

the performance **of** the computer I bought yesterday

のほうが，すっきりした言い方になる．

また，逆のケースもある．たとえば「先週の台風」の話なら，of を使う "the typhoon **of** last week" の5語よ

りも，"*A*'**s** *B*" の形を使う "last week**'s** typhoon" のほうが簡潔で好ましい．

「浩史くんの問題」

なお，日本語の「AのB」の形をとる表現では，AとBの具体的な関わりが，見た目だけでははっきりしない例も少なくない．たとえば「浩史くんの問題」という言い方を考えてみよう．前後なしに，このフレーズだけを聞いたとき，どういう意味と受け取るだろう？ まず，単独では，「浩史くんが**引き起こしている**問題」の話なのか，それとも「浩史くんが**抱えている**問題」の話なのか，わからない．

もし，これを "Hiroshi**'s** problem(s)" と "*A*'**s** *B*" の形を使って英訳すれば，「浩史くんが**持っている**問題」といった感じで，「浩史くんが**抱えている**問題」の意味になるが，"*B* **of** *A*" の形を使うと，話はそう簡単に片づけられない．具体的に言うと，たとえば，

I don't want to talk about the problem**s** of Hiroshi.

と problem が複数形になっている場合なら，それは通常「浩史くんが**抱えている**（複数の）問題について話したくない」と受けとめられるが，

I don't want to talk about the problem of Hiroshi.

と単数形の problem になっている場合は，それは通常「浩史くんが**引き起こしている**（例の1つの）問題につい

て話したくない」と受けとめられる．

　この使い分けは，「**抱えている問題**が 1 つしかないという人間はふつういないだろう．問題と感じられるものは，誰にも複数あって当然だ」という暗黙の前提に基づいている．たとえば，「浩史くん」の場合なら，「今月の小遣いが全然足りなくなっているのが最大の問題だが，また中耳炎が再発しそうだし，なぜかクラスメートの彩香ちゃんに嫌われているみたいだし，携帯電話の調子がこのごろヘンになっているし……」のように，いくつかの問題を同時に抱えているのがふつう，といった感覚である．これに対して，「誰だって通常，**同時に複数の問題を引き起こしている**だろう」といった前提が暗黙の了解になることはないけれども，1 つくらい引き起こしている可能性なら誰にも十二分にありえる．そのため，複数形の "the problem**s** of Hiroshi" を見れば，問題を**抱えている**ほうの意味に受けとめ，単数形の "the problem of Hiroshi" を見れば，問題を**引き起こしている**ほうの意味に受けとめるのである．

「of 減らし」に挑戦

　それにしても，英語ではさまざまな前置詞を使い分けるのに対して，日本語では「の」の利用頻度が極めて高い．日本語の「の」は，さまざまな名詞同士をつないでしまう万能選手である．だからこそ，本章冒頭であげた

「パナソニック社の携帯電話の性能の 12.5% の向上」のような表現が出てくるのだろう．

このような日本語で表現されていることを英語で書く場合，どのような書き方にすればいいのだろうか？

> an improvement **of** 12.5% **of** the performance **of** the cell phone **of** Panasonic

と書くと，of の連発で読者をいらいらさせてしまう可能性が高い．そこで，まず少し工夫して

> an improvement **of** 12.5% **in** the performance **of** Panasonic**'s** cell phone

のように of の数を半分にすればマシな表現になる．

だが，むしろ思い切って，"12.5% improvement" と "Panasonic cell phone" という名詞の連結を 2 つ使って

> a 12.5% improvement **in** the Panasonic cell phone**'s** performance

と書けば，「of 無し」の簡潔な表現ができ，読者にとってすっきりして読みやすい文になる．

in を有効に使う

この "improvement **in** performance"（性能の向上）のように，variation（変動）や reduction（削減），decrease（減少），increase（増加），degradation（劣化）など，何かの「変化」を示すものを表すには，その何かを of よりも in の目的語にしたほうが，わかりやすく，自然な英

語表現になる．つまり，「景気の変動」なら "variations **in** economic conditions"，「教員数の削減」なら "a reduction **in** the number of faculty members"，「熱帯雨林の面積80万km² の減少」なら "an 800,000 km² decrease **in** rainforest area"，「人口の1割の増加」なら "a 10% increase **in** population"，「デジタル透かしの埋め込みによる画質の劣化」なら "degradation **in** picture quality due to the embedding of digital watermarks" と表現すればいいのである．

変化や変更については，ofを使うか，inを使うかで，伝える内容が違ってくることもあるので気をつけよう．たとえば「部屋に関する変更」の話で，

　　She recommended a change **of** rooms.

と言うと，彼女が勧めたのは「**別の部屋への変更**」だが，

　　She recommended a change **in** the room.

であれば，ソファの配置を変えるなど「その部屋**の中での変更（部屋の模様替え）**」を勧めたことになる．

「～の情報」問題

私自身が特にいらいらさせられるofの使い方は，たとえば，日本の大学の英語版ホームページでよく見かける

　　Information **of** International Exchange（国際交流が持つ情報？）

などのような"information of 〜"の使い方である．確かに日本語では，たとえば「参考書の情報」（＝参考書に載っている情報）や「街の情報」（＝街についての情報）や「民間気象会社の情報」（＝民間気象会社から受けた情報［民間気象会社が提供してくれた情報］）など，何でも「〜の情報」と言うが，これらのうち"information of 〜"になるものは1つもない．「参考書の**中に**載っている情報」なら"information **in** a reference book"，「街**についての**情報」なら"information **about** [**on**] a neighborhood"，「民間気象会社**からの**情報」なら，"information **from** private meteorological companies"と，それぞれの意味に合う前置詞を使うのである．

　"information of 〜"という英語は，"information of value"（価値のある情報）や"information of interest"（興味を引くような情報）といった表現で使われることが圧倒的に多いのだが，強いて言えば，次のような新聞の見出しを見たこともある．

　　PlayStation Network hacked, personal information **of** 77 million accounts accessed（プレイステーション・ネットワークがハッキングされ，7700万ものアカウントの個人情報がアクセスされた）

ここでのpersonal information（個人情報）はアカウントの中に入っているものだったので，本当はpersonal information **in** 77 million accounts accessed と，of では

なく in を使ったほうがいいのだが，personal information **of** 77 million accounts accessed のように of を使うと，7700万**も**のアカウント**で**保存されている個人情報の**すべて**が丸ごとアクセスされてしまったかのような印象を与えるので，インパクトの強い見出しになるのである．いうまでもなく，7700万**も**のアカウント**で**保存されている個人情報のすべてがアクセスされてしまう「危険性」もあったかもしれないが，実際には，すべてのデータがアクセスされてしまった，というわけではないので，読者を誤解させかねない見出しである．

　ところで，日本語の「パナソニック社**の**携帯電話**の**性能**の** 12.5%**の**向上」は，どう言い換えれば「の」の波状攻撃を避けることができるのだろうか？　たとえば，「先日の実験において，パナソニック社**の**携帯電話**の**性能**が** 12.5% 向上したことを確認した」のようにするのも 1 つの手かと思うが，ついつい続く「の」の問題については，妙案があれば知りたいものである．

2 マイ問題——「私の〜」

「私の友だち」my friend,「私の家族」my family,「私のいちばん好きな歌」my favorite song などなど,学生に英作文をさせると,当然のことながら,"my 〜"という基本的な表現によく出会う.ところが,my の使い方に関する,「英語圏人」にとっては意外な問題点も頻繁に見かける.たとえば,読者の皆さんなら次の文章をどう訳すだろうか?

　昨日,私は自分のブラウスを買いに渋谷へ行きました.

ある学生は,この文の意味を表そうとして次のように書いた.

　Yesterday, I went to Shibuya to buy my blouse.

この英語について「意味不明だ」と言われたら,「えっ?」と驚く読者もおられるのではないだろうか.

　私は日本での生活が長いので,学生が上記の英文で何を伝えようとしているかがすぐにわかるが,日本語を知

らない「英語圏人」なら，to buy my blouse を見て，まず「自分のブラウスなら，なぜ買う必要なんかあるの？」と反応するだろう．

　——ここに横たわる溝は意外と深い．では，意図を正確に伝えるには，どう直せばいいのだろう？　本章ではこうした「マイ問題」について，考えてみることにしよう．

＊　　＊　　＊

my friend 問題

　以前に拙著『続 日本人の英語』でも指摘したことがあるが，日本人の大学生が書いた英作文によく見られる誤りに，「my friend 問題」がある．

　たとえば，300語前後の英作文をせよ，という課題があって，その冒頭を「私は，春休みに，友人と一緒にタイに行きました」と書き始めたいとする．読者の皆さんは，どのような英文を書かれるだろうか．

　　In the spring vacation, I went to Thailand with my friend.

もし，こう書いたとすれば，あなたも立派に「my friend 問題」の仲間入りだと思ってもいい．というのも，この文は，英語を母語とする人間にとっては，「私は，春休みに，**たった1人しかいない私の**友人と一緒にタイに行きました」としか読めないからである．これでは淋しいし，ほとんどの場合は書き手の本意でもないだろう．ところが学生たちは，このような英語で作文を始めることが圧倒的に多いのである．いくら，

　　In the spring vacation, I went to Thailand with **a** friend (**of mine**) [**one of** my friend**s**].

のように書けばいいと説明しても，同じ書き方を繰り返す確率がかなり高く，この誤解は相当根深く浸透しているように思われるのだ．

所有形容詞がもつ意味

ここで確認しておくと，my や her, his, your, our などの所有形容詞は，「その人(や物)が所有している唯一の(=すべての)○○であること」を表すことになる文脈が極めて多い．たとえば

　His cat was run over by a bus.（彼の飼い猫はバスに轢かれてしまった）

の，His cat という言い方からわかることは，バスに轢かれたその1匹の猫以外に，彼には飼い猫がいなかったということである．もし彼が2匹以上の猫を飼っており，そのうちの1匹が轢かれたのであれば，当然のことながら，

　One of his cat**s** was run over by a bus.

もしくは，his を所有代名詞として使って

　A cat of his was run over by a bus.

と言う．

なお，これまでの例は単数形の名詞の話ばかりだったが，複数形の場合も同じである．たとえば，

　His cat**s** were run over by a bus.

と書けば，それは彼の飼っている猫たちは1匹残らず，みなバスに轢かれてしまった，ということになる．同じように，冒頭のセンテンスで複数形の friend**s** を使って，

　In the spring vacation, I went to Thailand with **my** friend**s**.

と書くと,「春休みに,**私の友人と呼べる人間全員**と一緒にタイに行きました」という意味になってしまう.

問題の源は？

すでにお気づきの読者もおられるだろうが,最初に私は「私は,春休みに,**私の**友人と一緒にタイに行きました」とは書かなかった.それは日本語としては,「私の」がないほうが自然に思えるからである.

大学の授業で,こうした my friend の使用頻度の高さに初めて気づいたとき,日本語で書くときにはわざわざ「私の」を付けたりせず「友人と一緒に……」と書くのに,なぜ英語となると機械的に my friend と書くのだろう,と不思議に思ったことがある.日本語の発想で書くならば,むしろ my がないほうが自然ではないか.

が,その後,日本の中学校・高等学校で使われている英語教科書を見ると,「my friend 問題」とまったく同じ「用法」が,正しい英語として紹介されていることがわかった.たとえば,ある教科書では,次のように始まる対話に出会った.ロンドン行きの飛行機の中での,たまたま隣席同士になった2人の対話である.

Aya: Excuse me, will this plane arrive at 11:15?
(すみません.この飛行機は 11 時 15 分に到着しますか？)

Woman: No, it won't. It'll arrive at 11:50. Is this

your first visit to the U.K.?（いいえ，しません．11 時 50 分に到着します．今回はあなたの初めてのイギリス旅行ですか？）

Aya：Yes, I'll meet **my** friend in London tomorrow.

最後のアヤの返答は，このままでは「はい，私は明日ロンドンで私の唯一の友人に会います」となってしまう．

この対話の続きも，この冒頭部分と同じように，my 以外にも問題が多く，全般的に不自然で残念な「英語紹介」となっていたのだが，私にとっては勉強になる教科書でもあった．学校で

a friend（**of mine**）[**one of** my friend**s**]

ではなく **my** friend でいいと教わってきた大学生を責めるべきではないということを教えてくれたからである．

「私のブラウス」の不自然さ

こうした不自然な例文で英語を学んできた学生ならば，その「言い方」が身についてしまっているため，ずっと my を同じように使おうとしてもおかしくないだろう．本章の冒頭であげた my blouse も，my など要らないところで条件反射的に使ってしまっている典型的な例であるように思われる．もう一度その文を見てみよう．

Yesterday, I went to Shibuya to buy **my** blouse.

所有形容詞の my を使って my blouse と書いたら，それは基本的に「私が持っている唯一のブラウス」という意

味を表し，しかも**買って初めて** my blouse になるのである．すでに持っているブラウスを改めて買いに行った，しかも 1 枚だけの唯一の，と書かれているような文に出会ったら，「意味不明」と思ってもおかしくない．

Yesterday, I went to Shibuya to buy **a blouse for myself**.

と書けば，読み手にけげんな顔をさせることはないのだが……．

ここにも my friend 問題

こうした所有形容詞に対する誤解が大学までのものならまだしも，日本人の科学者や研究者の書いた英語論文にも同じ問題がよく見られる．たとえば，

We employ a new high-frequency amplifier. **Its** feature is low power-consumption.

のような英文が典型的だ．ここまで読んでこられた読者ならおわかりかと思うが，これでは「我々は新しい高周波増幅器を用いる．**その唯一の**特徴は低消費電力である」という意味になってしまう．そこで，この英文を添削する際に，まず書き手に訊かないといけないのは，その新しい高周波増幅器には，特徴と言えるものは本当に 1 つしかないのか，ということになる．もし，そこで「いいえ，他にもあります」と言われたら(ほとんど例外なくそうした答えになるのだが)，2 番目のセンテンス

を

 One of its feature**s** is low power-consumption.

と直す．

 ただし，「では，他にもあるのに，なぜここで低消費電力のことしか述べていないのでしょうか」とさらに追及してみると，「いちばん重要な特徴ですから，先に紹介して強調したかったのです」というような答えが返ってくることも多い．そういう場合，つまり，複数の特徴の中で，1つだけがその他の特徴よりも重要だという場合であれば，

 Its most important feature is low power-consumption.

と直すことになる．なお，論文によっては「低消費電力はもっとも重要な特徴の1つ」という内容もありえるので，そういう場合なら，

 One of its most important feature**s** is low power-consumption.

と書くことになる．

問題の解決方法

 さて，だとしたら，my friend という表現は，いったいどんなときに使うのか？　友人がたった1人しかない場合にしか使えないのか？——と，疑問を持たれた読者もあるかもしれない．もちろん，そんなことはない．

別に「引っかけ問題」を出すつもりはなかったのだが，私はこの章の最初，17頁で，英作文の「冒頭を」my friendで始めた場合，と書いた．この「文章の冒頭で」ということが重要なのだ．つまり，my friendが登場するより前に，たとえば

　　In the spring vacation, I went to Thailand with **a** friend.

のように，一度不定冠詞のaで友人のことを紹介すれば，以降は **my** friend（私のその友人）というように，所有形容詞のmyを使って，一緒にタイに行った**その1人の人間**を指し示すことができる．このような文脈なら，2回目の登場のときからmy friendを使ってもまったく問題はない．

　つまり，所有形容詞の用法には，定冠詞theの用法に似ているところがあるのだ．たとえば，英作文の冒頭で

　　I often go to a coffee shop in Yoyogi.

と書いたとする．これは「私は代々木の（ある一軒の）喫茶店によく行きます」という意味だが，このように一度不定冠詞のaで店のことを紹介すれば，以降はthe coffee shop（その喫茶店）と定冠詞のtheを使ってその店を指し示すことができる．

　つまり，それまでの話に登場していて，「どの人か，どの店か，といったことがすでに特定できる場合ならば使える」という意味で，myやhisなどの所有形容詞と

定冠詞の the の役割は同じなのである.

　逆に, 作文の冒頭でいきなり

　　I often go to **the** coffee shop in Yoyogi.

と書くと, 代々木には喫茶店が一軒しかないということになってしまう. これも前述の「my friend 問題」と同様である. あるいは, 同じ冒頭で, たとえば, 代々木にある複数の喫茶店によく行くというのを,

　　I often go to **the** coffee shop**s** in Yoyogi.

と定冠詞の the を使って書くと, 代々木にある**すべての**喫茶店によく行くという意味になってしまうのも, 前述の my friends の問題と同様だ.

her と the の使い分け

　それでは, 所有形容詞と定冠詞の the には, どんな意味の違いがあるのだろうか. 最後に少し, そのことを確認しておこう.

　私は前著の『日本人の英語』のなかで, my や her, his, your, our などの所有形容詞の使い方を説明するために, ビッショリ雨に降られて家に帰ってきた飼い猫を電子レンジで乾かしてやろうとした女性の話を例文に使ったことがある. それは

　　she put it in **her** microwave(彼女は猫を電子レンジに入れた)

というものであった. 同書では,「もし今度, 彼女が熱

射病にかかった猫を冷凍庫に入れてやったとすると,

 she put it in **her** freezer to cool it off

というのもあるが, アメリカ英語としてはそれはやや不自然で, むしろ

 she put it in **the** freezer to cool it off

のほうがふつうである」とも述べた. なぜ microwave oven の場合は **her** microwave というのに, 冷凍庫の場合は her ではなく, **the** freezer というかは, 冷凍庫というものはどの家庭にでもあるものだが, 電子レンジはまだそこまで普及していないという純然たる「意識」の問題である, と説明した. あわせて, 当時は「どの家にも当然電子レンジがあるという意識は, 近い将来にできるかもしれないが, 今はまだない」としたが, いうまでもなく, その「近い将来」はもうとっくに来ており, 現在ではすっかり **the** microwave の時代となっている.

この her と the の使い分けを確認しよう. **her** microwave の her は単なる所有関係であるのに対して, **the** microwave の the は「どの家にでも当然あるはずの, その1台の電子レンジ」を示している. また, もしも先の話の続きとして,

 After the cat exploded, she picked up **the** microwave as is, with the cat's remains still in it, took it outside, and threw it into the back of **her** three-wheeler truck.（猫が爆発した後, 彼女は, 猫の死

骸が入ったままの電子レンジを持ち上げ，外に運んで自家用オート三輪の荷台に放り投げた）

という展開があったとする．するとここでの **the** microwave の the は，以前に紹介された「**その電子レンジ**」を示し，**her** three-wheeler truck の her は「**彼女の所有しているオート三輪**」を示している．

話に初めて登場したこの three-wheeler truck の前に，もし her ではなく，the があったら，「どの家庭にでも当然あるオート三輪」という意味になってしまうので不適切．

なお，この例には，冠詞と所有形容詞の用法に関するもう 1 つの大事な点が見られる．不定冠詞を使った **a** three-wheeler truck だと，「たまたまその近くにあったオート三輪」という意味になり，そのオート三輪は世にある数多くのオート三輪の中の 1 台に過ぎず，誰の持ち物かはわからないものになってしまうのである．つまり，**彼女の持っている数台のオート三輪の中の 1 台**という可能性も出てくる．が，これに対して，定冠詞の **the** three-wheeler truck と所有形容詞の **her** three-wheeler truck では，その 1 台は**彼女の持っている唯一のオート三輪**であることがはっきり示されている．the と her の使い分けによって「オート三輪という種類の自動車」に対する意識の違い，つまりどの家庭にもあって当然かどうか，という意識は示されるが，「彼女の持っ

ているオート三輪」は**その1台に尽きる**という点については the でも her でも変わらないのである.

不気味な曲名

1つ付け加えておくと,所有形容詞や冠詞について,いずれの用法にも,同じはっきりしたルールが1つだけある.それは,たとえば,ビートルズの名曲"The Long and Winding Road"(ザ・ロング・アンド・ワインディング・ロード)や,ジャズ・スタンダードの"My Funny Valentine"(マイ・ファニー・ヴァレンタイン)のように,形容詞が修飾している名詞に,さらに冠詞か所有形容詞が付く場合,その冠詞か所有形容詞が**必ずいちばん先に配置される**,というルールだ.つまり,"Long and Winding **the** Road" や "Funny **My** Valentine" などのような英語はないのである.

そのため,1980年代に日本で"Dear My Friend"という言い方を初めて見かけたときには,驚いた.存在しえない英語なので,不気味な感じさえした.ちなみに,1997年に発売されたEvery Little Thingの曲"Dear My Friend"の歌詞には"Best of My Friend"という文句もあるが,その意味は何なのだろうか,私には未だに謎である.

3　恋人は何人？ —— 冠詞と数

　「数」(単数か複数か)に対する英語の厳密な感覚は，日本人から見れば，ちょっと過剰ではないか，と思われてもしかたがないだろう．しかし，「カタコト英語」を脱するためには，どうしてもこれを避けては通れない．ここで今いちど，冠詞と数の問題を復習しておこう．

　大学で受け持っている「英文法」の授業で，簡単な「実験」をやってみたことがある．20 人の受講生に実験台になってもらい，次の英文を日本語に訳してもらったのだ．

　　The kiosk sells newspaper.

答案は，「キオスクは新聞を販売している」や「そのキオスクは新聞を売る」など，どれも似たような和訳であった．

　それに続いて，次の問題にも答えてもらった．

　　下記の英文は，「新宿駅のどのキオスクもコーヒー
　　と新聞を販売している」を英語に直したものである．

下線部の語のうち，間違いを1つ指摘し，訂正しなさい．

Every kiosk in Shinjuku Station sells coffee and newspaper.
(a)   (b)   (c)
(d)

さて，読者の皆さんは正解がおわかりだろうか？

*　　*　　*

月曜日の数

　会話・文章を問わず，英語では冠詞と数に対する基本的論理が常にはっきりしているので，どんな表現に出会ってもその論理に少し注意してみれば，興味深い発見があるはずだ．

　ここで，日本人と，その知り合いの「英語圏人」とのメールのやり取りを想定してみよう．2人の間で，近々夕食を一緒にしようという話が持ち上がっている．日本人のほうは，この頃いささかハードスケジュールが続いていたが，「この先しばらくは，月曜日か火曜日なら，たいてい都合がつく」ということで，次のような英文で相手の都合を訊く．

　How about getting together on Monday or Tuesday?

これは，表面的には何の問題もなさそうな英語であろう．しかし，逆の場合，つまり英語圏人が同じことを訊く場合，on Monday or Tuesday とは書かない．というのも，これだと「**この先しばらくの間の**月曜日か火曜日はどうですか」という意味ではなく，「**今度の**月曜日か火曜日はどうですか」という意味になり，本来の意図とは異なる意味がはっきりと表現されている英文になってしまうからだ．

　それでは何と言えば，意図した内容が伝わるだろう

か？　英語圏人ならば，

　　How about getting together on **a** Monday or **a** Tuesday?

とするのである．なぜだろうか．

　これこそ「英語では冠詞と数に対する基本的論理がはっきりしていること」を示す好例になる．簡単に言えば，「近々」や「この先しばらくの間」，「近いうち」などという一定の期間内において，月曜日や火曜日はいずれも複数ある．**その中の 1 つの日に**スケジュールを合わせたいので，当然のことながら，**a** Monday or **a** Tuesday と表現する必要が出てくるのだ．a という不定冠詞はまさしく「複数あるものの中の 1 つ」を示すために使われる，重要な役割を果たしてくれる言葉なのである．

「月曜日は全部」

　曜日を複数形で述べることもよくある．たとえば「僕はたいてい月曜日がいちばん忙しい日です」といった一般論の場合，ふつう

　　Monday**s** are usually my busiest days.

あるいは

　　I'm usually busiest on Monday**s**.

のように言う．

　また，こうした複数形に定冠詞の the をつけることもある．たとえば，「5 月の月曜日はぜんぶ，予定がすで

に入っています」と言いたいときには，

　I already have plans for all **the** Mondays in May.
などのような言い方がふつうである．これは，どの5月にも決まって月曜日が4つ（年によっては5つ）あり，その4つ（か5つ）ある月曜日という，**決まったものの
すべて**を指し示したいわけなので，**the** Mondays と定冠詞の the を使って表現するのである．

the と all

　なお，ここにはもう1つの「冠詞と数に対する基本的論理」が見られる．それは，上述の

　I already have plans for **all** the Mondays in May.
　（5月の月曜日はぜんぶ，予定がすでに入っています）

の all を省き，

　I already have plans for **the** Mondays in May.
と書いても，「5月の月曜日はぜんぶ」の「ぜんぶ」の意味が依然として表現されるという点である．つまり，もともとの **all** the Mondays の all はただ単に強調であり，省いてもセンテンスの意味が変わらないのだ．定冠詞の the には all（＝「決まったもののすべての」）の意味が含まれているということは，日本人の英語学習者が忘れがちな，重大な点である．

恋人は何人？

たとえば、「彼女はよく大学時代の恋人を思い出す」と英語で言いたいとしよう．日本語では誤解のしようがない文に見えるが、実は、これだけでは英語には訳せない．この日本語は、

① 「大学時代の彼女の恋人」が１人しかいない場合
② 「大学時代の彼女の恋人」が複数いて、そのすべてをよく思い出す場合
③ 「大学時代の彼女の恋人」が複数いて、そのうちの何人かをよく思い出す場合
④ 「大学時代の彼女の恋人」が複数いて、そのうちの１人をよく思い出す場合

という４つの場合を同時に含んでいるからである．

日本語表現ではどの場合であるかは曖昧のままでいいのだが、英語では逆に、曖昧な表現にしたくても、そもそもできない．英語では、それぞれの場合において表現が変わってくるし、「複数の場合」を同時に含む英語表現がないのである．では、どこがどう変わってくるか、確認してみよう．

たとえば、このうちの②については、

She often recalls **the** boyfriend**s** she had in college.

という表現を使う． the＝all であるので、大学時代の彼女には恋人が複数いたが、その**全員**を思い出すことがよくある、という意味だ．が、もしそうではなく、③のよ

うな場合，たとえば計6人の恋人のうちに思い出すことのない男が2人ほどいるとすれば，

> She often recalls boyfriend**s** she had in college.

と言う．「無冠詞複数形」のboyfriendsは，**some** boyfriends（何人かの恋人）の意味を表す語である．

　ここから敷衍していけば，①のような場合は，定冠詞のthe＋単数形のboyfriendで，

> She often recalls **the** boyfriend she had in college.

となり，④の場合は，不定冠詞のa＋単数形のboyfriendで，

> She often recalls **a** boyfriend［＝**one of** the boyfriend**s**］she had in college.

となることが理解できるだろう．

　内容的にはともかく，ここで働いている論理は，事実を表すために，忘れてはいけないものである．

「脱原発」のゆくえ

　内容的に重大な話の例として，日本の「脱原発」を考えてみよう．たとえ実現できるとしても，日本の「脱原発」は「脱サラ」のようにいっぺんに行われるものではなく，少しずつ「脱皮」するようなものになるだろうと思われるので，英字新聞などでは「脱原発」のことをnuclear power phase-out（段階的廃止）と言う．では，「政府は日本の原子力発電所の段階的廃止を予定してい

る」と英語で言いたいとき,どうすればよいだろうか.

実は,この場合も,冠詞の有無によって,大きな意味の違いが生まれてしまう.次の2つの英文を比べてみよう.

㋐ The government plans to phase out nuclear power plants in Japan.

㋑ The government plans to phase out **the** nuclear power plants in Japan.

いずれも「政府は日本の原子力発電所の段階的廃止を予定している」と言ってはいるが,2つの文には大きな違いがある.theを使って表現している㋑のほうでは,日本の**すべての**原子力発電所が廃止の対象となっているが,これに対して,theのない㋐のほうはそこまでは言っていないのだ.厳密に言えば,㋐の「無冠詞複数形」のnuclear power plantsでは「**2つ以上の**原子力発電所の廃止が予定されている」としか言っていないのである.そこに含まれる意味の差の大きさは,昔の恋人云々の場合とは違って,「単に冠詞を忘れただけ」でとても済む話ではない.

所有格もまた

theが「すべての」という意味も含んでいるのと似たような現象は,所有格の用法にも見られる.たとえば,上述の「日本の原子力発電所」はnuclear power plants

in Japan と言ってもよければ，所有格を使って Japan**'s** nuclear power plants と言ってもいい．ただ，ここには先ほどの㋐と㋑に見られたのと同様の違いが現れてくる．

　つまり，所有格の Japan**'s** nuclear power plants は，単なる nuclear power plants in Japan という意味ではなく，**the** nuclear power plants in Japan と同じように，「日本の**すべての**原子力発電所」の意味になるのである．

　だから，たとえば「昨夜，彼女にお金を盗まれた」となげいている人の場合なら，

　　Last night, she stole **my** money.
と言ってもいいかもしれないが，この文の意味は

　　Last night, she stole (all) **the** money I had with me.
と同じで，「その時に持っていたお金を**ぜんぶ**盗まれた」ということになる．もし「ぜんぶ」ではなくて「いくらか盗まれた」という場合であれば，定冠詞の the も，所有格の my も使わず，

　　Last night, she stole money from me.
のように言えばいい．

　ここで，1つ前の章の「my friend 問題」を思い出した読者もいるだろう．その通り，何の限定もせず，いきなり使われた my は「すべての」の意味を含んでしまうからこそ，

　　In the spring vacation, I went to Thailand with **my** friend.

は，friend が単数形であることと合わせて，「私は，春休みに，**たった1人しかいない私の**友人と一緒にタイに行きました」という意味になってしまうのである．

数えられない money

なお，「いくらか盗まれた」という場合の money の用法には注意すべき点がある．それは，単数形の名詞であり，なおかつ，冠詞あるいは所有格の my のように冠詞の代わりになる語が付いていないという点である．

このように「無冠詞単数形」の名詞がありえるのは，「数えられないもの」として使われている場合のみだが，ここでの money の使い方はまさにそうしたお金のことを一般的に示している場合である．数えるのなら，たとえば 20 dollars(ドル)や 5,000 pounds(ポンド)などのように，単位になる別の名詞が必要となってくる．

キオスクで売っているのは

money のこうした使い方を確認したところで，本章の冒頭に取り上げた「実験」に戻ろう．まず，最初の英文，

　　The kiosk sells newspaper.

の意味を，皆さんはどう理解しただろうか？　これは，「そのキオスクは新聞を販売している」の意味ではなく，「そのキオスクは新聞**紙**を販売している」という意味な

のである．

　英語では，単数形の名詞の前に冠詞の a や the（あるいは my や that といった，冠詞の代わりになるもの）がなければ，その名詞は必ず「数えられないもの」を意味する．冠詞もなく単数形のまま，「丸裸」で使われているこの newspaper は，素材として使われている**紙そのもの**を指す以外に理解のしようがないのだ．

　なお，こうした newspaper の量を示す場合には，枚数や重さを示す単位が必要となる．3 **sheets** of newspaper（3 枚の新聞紙）や 100 **kilograms** of newspaper（100 キロの新聞紙）などのように，適切な「単位語」を使えばいい．

　以上の説明がわかれば，その次の「間違い探し」はたやすいものだろう．「新宿駅のどのキオスクもコーヒーと新聞を販売している」と言いたいならば，

$\underset{(a)}{\underline{\text{Every}}}$ kiosk $\underset{(b)}{\underline{\text{in}}}$ Shinjuku Station $\underset{(c)}{\underline{\text{sells}}}$ coffee and $\underset{(d)}{\underline{\text{newspaper}}}$.

の「newspaper」(d) を「newspaper**s**」と複数形にして初めて「新聞を販売している」という意味になるのだ．

　ちなみに，大学の授業でこの実験を行ったときには，「Every」(a) を「Any」にする，前置詞の「in」(b) を「at」にする，「sells」(c) を「is selling」と進行形にする人はいたのだが，「newspaper」(d) を疑う学生は 1 人もいなかった．これはいささかずるかったかなと思いながらも，最初か

ら狙った通りの「実験結果」であった.

「2つの経済」

英語には, newspaper 以外にも「数えられるもの」と「数えられないもの」の両方を表しうる名詞が実に多い. 1つの例として, まず economy という語を考えてみよう.

日本語で経済というと, 数えられないものだと思われがちかもしれないが, 実は **the** Japanese economy(日本経済), **the** U.S. economy(アメリカ経済), そして two econom**ies**(2つの経済)と言えるのである. これでわかるように,「経済」という意味を表す economy は数えられる名詞である.

これに対して, たとえば,

> The hybrid car's most important selling point is fuel **economy**.(ハイブリッド車の最大のセールスポイントは燃料経済**性**である)

のように, 単数形で冠詞無しの「丸裸」の economy は,「経済」という数えられる economy の意味ではなく, どうやっても1つ2つと数えられない「経済性」や「節約すること」といった意味になる. これは, 英語の名詞の使い方に見られるもっとも基本的な論理である.

誤解を招く例

単数だろうが複数だろうが，a だろうが the だろうが，「丸裸」だろうが何だろうが，こまかいことはいいじゃないか，と言うならそれまでだが，たとえば科学者や技術者としてせっかく素晴らしい研究成果を発表しようとしても，英語のこういう点に関する無理解がもとで誤解されてしまったのでは，あまりに惜しくはないだろうか．

たとえば，「去年の研究で，我々は好結果を得た」のつもりで

In our research last year, we got **the** good **result**.

と書いてしまう，というのが典型的な例だ．the＋名詞によってその名詞は「以前から決まっていたもの」を示し，そしてその result が単数形であるので，「去年の研究で，我々は，**例の1個の**好結果を得た」といった意味になってしまう．そうではなく「去年の研究で，我々は好結果を得た」と言いたいのなら，

In our research last year, we got good result**s**.

と書けばいい．

逆に，たとえば，「求めていた解決策をやっと見つけた」と書きたいのに，

We finally found **a** solution that we were looking for.

とすると，「見つけた解決策は，求めていたいくつかの解決策の1つに過ぎなかった」ということになってし

まう．「求めていた解決策」は1つだけで，「その」解決策が見つかったと述べるには，

> We finally found **the** solution that we were looking for.

と書けばいい．

「ドルを持っていますか？」

「無冠詞単数形」つまり「丸裸」で使われた名詞が「数えられないもの」を表す，つまり「不可算名詞」となってしまうということは，日本人にとって，どうも忘れられがちなことのようだ．そのせいか，「不可算名詞」として使われることがありえない名詞を，「丸裸」で用いる例がしばしば見うけられる．

たとえば，dollar のように単位になる名詞は常に「数えられるもの」なので，「丸裸」つまり「不可算名詞」として使われることはありえない．だから，「ドルを持っていますか？」と訊くのに

> Do you have dollar?

と「無冠詞単数形」で言ってもよさそうな感じがするかもしれないが，これは英語としては不条理である．まるで，

> Do you have influenza?（あなたはインフルエンザにかかっていますか？）

と同じように「あなたはドルにかかっていますか？」と

訊いているかのような感じになってしまうのだ．「ドルを持っていますか？」なら，複数形を使って

 Do you have dollar**s**?

にすればいい．「1ドルを持っていますか？」なら

 Do you have **a** dollar?

と訊けばいいのである．

「アメリカに行こう！」

 dollar のように，「不可算名詞」にならず，「丸裸」の形で使われることのない英語は決して珍しくないので，カタコト英語になるのを避けるためには，それに対する意識を高めるといい．

 たとえば，学生の書いた次の文を考えてみよう．おそらく「私は1年間イギリスで英語の勉強をしたい」というつもりで，

 I want to study English in U.K. for one year.

と書いたものだ．この文はどこがいけないのだろう？

 そもそも連合王国（＝英国，イギリス）を表す "U.K." は United Kingdom の略であるから，上記の英文を，略字を使わずに書くと，

 I want to study English in United Kingdom for one year.

となる．しかし kingdom（王国）は数えられる名詞なので，このように「無冠詞単数形」で使うことはありえな

いのである．そこで，

　　I want to study English in **the** U.K. for one year.
と定冠詞の the を使って初めて本当の英語になる．ここでの Kingdom は，the United States of America の States や the Republic of Chile（チリ共和国）の Republic と同様のものである．日本では，無冠詞の形の

　　Let's visit U.S.A.!
などのような広告をよく見かけるが，私は見るたびに不気味な感じがする．日本語表現に例えてみれば，まるで「こどもの国に行こう！」という広告が「こども国(くに)に行こう！」となってしまっているような感じである．

「(財団法人)放射線影響研究所／日米共同研究機関」

　逆に，ちゃんとした使い方，たとえば，私がたまたま見かけた「(財団法人)放射線影響研究所／日米共同研究機関」の看板に書かれた

　　The Radiation Effects Research Foundation
　　A Cooperative Japan-US Research Organization
などのような単数形・複数形・冠詞の完璧な使い方に出会うと，すっきりしてくる．

　「(財団法人)放射線影響研究所」という「組織」は 1 つしかないので，数えられる名詞である foundation には定冠詞の the が用いられる．が，これに対して，世の中に「日米共同研究機関」と呼ぶことができる機関は複

数ある．「(財団法人)放射線影響研究所」はそうした機関の1つなので，数えられる名詞である organization には不定冠詞の a が用いられるのである．

The Radiation Effects Research Foundation
には大事な点がもう1つある．もし学生に「放射線影響研究所」を和文英訳問題として出せば，おそらくその解答には

Radiation **Effect** Research Institute
と単数形の Effect が圧倒的に多いだろう．仮に放射線が人間の身体に与えてしまう影響は1つしかないとすれば，単数形のままでいいのだが，実際その影響はさまざまだから大変なので，複数形の Effect**s** が常識的な表現になるのだ．

　多くの日本人から見ると，数に対する英語のこうした「過敏な神経」は厄介なものだろうが，伝えたいことを英語で正確に表現するためには重要な「神経」である．

4 「なう」あれこれ
——「〜している」「〜します」

　ツイッターの大流行で,「学食ランチなう(＝今,大学の食堂でお昼ご飯を食べているよ)」といった言い回しも,学生たちのあいだではふつうのものになってきたようだ.ところがこの「なう」を日本人が英語で表現しようとするときには,落とし穴が意外と多い.

　「今ちょうど〜をしているところ」を表すときには,言うまでもなく,英語では現在進行形を使う.ところが,日本語の「〜している」という表現が常に英語の現在進行形になるわけではないので,「している＝現在進行形」のひとつ覚えでは誤解を招くことがよくある.

　たとえば,大学生の英作文で,「今,ジャズダンスのサークルに入っています」のつもりで,

　　Now, I **am joining** a jazz dance circle.

と書かれた文に出会ったことがある.日本語のわかる読み手なら言いたいことが想像できるが,もし英語圏の,日本語を知らない人がこれをツイートとして読んだ場合,どのような意味に理解するだろうか?

本章では「〜します」や「〜しています」などという ごく当たり前の表現をめぐって,「今」にまつわるいく つかの問題を考えてみることにしよう.

*　　*　　*

「カナダ旅行について書きます」

　動詞の使い方に関して言えば，英語の時制と仮定法は，日本人にとって把握しがたく，落とし穴の多い用法であるようだ．といっても，日本語にまったく存在しない概念なのではなく，日本語にも似たような概念があるけれども同じではない，というものなので，どこがどう違うのかを意識にしっかり植え付ければ，比較的身につけやすいかもしれない．本章ではまず時制，なかでも時間表現の1つの基本となる「現在」を中心に，いくつかの問題を考えてみよう．

　たとえば，かつてある学生が，英作文の授業で，次のような意味の文を書こうとした．「(今回は)私のカナダ旅行について書きます．たった2週間の滞在でしたが，たくさんのことを学んで，とても貴重な思い出になっています」．

　このときに学生が書いた英文は次のようなものであった．

> I write about my trip to Canada. I stayed there only 2 weeks, but I learned many things, and it became a very precious memory.

　正確に言えば，この英文を読んで，私は学生が書きたかったのは上に日本語で記した内容だろうと想像したのである．実際に英語としては，上の英文は次のような意

味になってしまう.「私にはカナダ旅行について**書く習慣があります**.たった 2 週間だけの滞在でしたが,たくさんのことを学んで,(**あのときは**)貴重な思い出に**なりました**(**が,今はそれほどでもありません**)」.つまり,もし,読み手が日本語を知らない「英語圏人」であれば,完全に誤解してしまう英文なのだ.こうした問題が起きてしまうケースは決して珍しくない.

2 つの「書きます」

まず,「書きます」という日本語を考えてみよう.日本語の「書きます」には,少なくとも 2 つの使い方がある.たとえば,「彼はブログに愛犬のダックスフントについて**よく書きます**」という場合と,「**今回はラブちゃんが最近覚えた芸について書きます**」という場合である.

前者の「よく書きます」は,繰り返し行うことを述べているので,英語ではこれを he often **writes** ...のように,習慣的行動を表す**現在形**を使って表現する.often があるからそういう意味になるのかと思われる読者があるかもしれないが,often は日本語の「よく」にあたる,頻度を表す語であり,often 無しの単なる he writes ...でも,**繰り返し行うことが述べられる**ことになる.それと同じく,

I **write** about my trip to Canada.

という現在形の文は,「私には自分のカナダ旅行について**書く習慣があります**」という意味になるのである.

いっぽう,後者の「今回……書きます」は,ここが日本人の誤解しやすいところだが,繰り返し行うことの話ではなく,**これから**することの話であり,当然のことながら,「これからの話」を述べるなら,未来形に使う助動詞 will や,する予定のあることを表す be going to などを使って,

　　I **will** [**am going to**] write about my trip to Canada.

のように表現することになる.

日本語では同じ「書きます」という表現でも,英語ではこうした使い分けが基本なのである.

あの思い出,今は？

次に「とても貴重な思い出になっています」と表すつもりの

　　it **became** a very precious memory

について考えてみよう.日本語では「貴重な思い出になりました」も「貴重な思い出になっています」も意味に大きな違いはないだろうが,《時》に対して敏感な英語ではそうはいかない.私はこの文章を

　　it **has become** a very precious memory

と添削した.簡単に言えば,**過去形**で it became と書く

と,「前は貴重な思い出だったが,今は特にそうでもない」という印象を与えてしまうからである.貴重な思い出ができたのは確かに過去のことだが,今でも貴重なはず,と私は想像したので,過去のある時点に起きたことが今でも有意義であることを表す**現在完了形**に訂正した.英語の it became と it has become には,こうした重要な使い分けがあるのだ.

　結局,先ほどの英文は次のように添削した.

> I **will** [**am going to**] write about my trip to Canada. I stayed there only 2 weeks, but I learned many things, and it **has become** a very precious memory.

「〜している」問題

　また,ここでもう1つ起こりかねない問題を取り上げたい.「とても貴重な思い出になっています」という日本語を英語にせよと言われた場合,語尾が「〜ています」なのに惑わされて,現在進行形を使ってしまう危険性だ.具体的に言うと,「なっている」という日本語を英語の現在進行形に当たるものだと誤解し,

> It **is becoming** a precious memory.（貴重な思い出に**なろうとしています**）

としてしまう人がいるかもしれない,ということである.

　大学生が書いた英文を見てみると,そうした誤解が一般的なものであることがわかる.英語の現在進行形は,

「まさに**今**ここで起こりつつあること」を表すのが基本である．これに対して，たとえば，「じゃ，後でね．ロビーで待っ**ている**からね」のように，日本語の「〜ている」は，「今」の話とは限らない．逆に，「じゃ，後でね．ロビーで待っ**ている**からね」を英語で言うなら，

　　Okay, see you later. I**'ll be waiting** in the lobby.
と，「**未来**進行形」を使って表すのである．

「毎日使っています」

　確かに，たとえば，ちょうど今電子辞書の電源を入れて使っている最中だという場合の「電子辞書を**使っています**」という日本語なら

　　I **am using** an electronic dictionary.
という英語の現在進行形がふさわしい．しかし，そうではなく，たとえば，誕生日プレゼントとして電子辞書をくれた人に送るお礼の言葉として，「本当にありがとうございます．毎日**使っています**」と言いたいときなら，決して，現在進行形を使って

　　Thank you so very much. I **am using** it every day.
とは書かない．これでは，「ちょうど今」このお礼の言葉を書きながら電子辞書を使っている，という意味を表す"am using"と，「毎日」の意味を表す"every day"との間で，時間的矛盾が生じてしまうからだ．そうではなく，これも「習慣的行動を表す」場合なので，当然の

ことながら,

　　Thank you so very much. I **use** it every day.
と単純現在形を用いる.そして,これは逆もまた然りで,この英語を見たら,「本当にありがとうございます.毎日**使います**」ではなく,「本当にありがとうございます.毎日**使っています**」の意味だと理解すべきなのだ.というのも,日本語の「毎日**使います**」には,「まだ使っていないが,これからは毎日使います」といった意味もありえるからである.

be joining の意味

このように,英語の進行形の最も基本的な仕事は,「今まさに〜している途中」を表すことである.ここで,本章冒頭の例に戻ってみよう.

　　Now, I **am joining** a jazz dance circle.
はどのような意味になるのだろうか.

現在進行形の be joining は,はっきりと「join しようとしているところ」を表す言い方なので,その意味は「今,ジャズダンスのサークルの**入会手続きをやっている途中だ**」としか受けとめられないのである.

「今,ジャズダンスのサークルに入っている」という意味を伝えたいなら,

　　I **am in** [**a member of**] a jazz dance circle.
もしくは

I **belong to** a jazz dance circle.
のように書き直す必要がある．

　日本語にはないこういう英語の《時制》は，時としてやはり大きな障害になりかねないようである．時制を無視していい加減な文章を書いても，なんとか言いたいことが伝わる場合も多いかもしれないが，たとえ伝わった場合でも，いかにもカタコト英語の印象を与え，もったいないことになってしまう．

「動作」と「状態」

　これは読者の皆さんも学校英語で教わったことではないかと思うが，英語の動詞のなかには，進行形になるものとならないものがある．その違いについて，少し文法的な面から考えていくことにしよう．

　英文法用語として「動作動詞」という硬い言葉を耳にすることがよくある．"action verb" の直訳のようだが，action の中には日本語の表現としてはふつう「動作」とは言わないものも多いから，私には時々妙に感じられることのある用語だ．たとえば，

　She **raised** her hand.（彼女は手を上げた）
の raise という「動作動詞」は確かに人の**動作**を示しているが，

　My 3rd-year seminar students **are** already **hunting** for jobs.（私のゼミの3年生は，もうすでに**就職活**

動をしている）

の hunt が示している action は，いわば**行動**であり，**動作**とはふつう言わないであろう．あるいは，

> She **shoplifted** three tubes of peach-colored lipstick.（彼女はピーチ色の口紅を3本**万引きした**）

の shoplift が示している action は，犯罪**行為**ではあるが，犯罪**動作**だとは誰も言わないだろう．

とはいえ，「では，action verb はどんな日本語にすればいいというのか」と訊かれたら，困る．action という単語の意味範囲が広すぎて，ちょうど当てはまる日本語はなさそうだ．そこで，昔，誰かが「しようがないから「動作動詞」にしよう」と割り切って決めてくれたのだろう．同じ人が，action verb のよきパートナーを務める "stative verb" を「状態動詞」にすると決めたのかはわからないが，「状態動詞」は申し分のない，完璧なネーミングに思われる．

「食べている人だけが，その秘密を知っている」

進行形の正確な用い方を理解するためには，とりわけ，この「2種類の動詞」の区別に関して意識を高める必要がある．ポイントは，基本的に英語の「**状態動詞**」には進行形の用法がない，ということである．

たとえば，かつてサプリメントの新聞広告で見かけた覚えのある，「食べている人だけが，その秘密を知って

いる」という文について考えてみよう．この日本語は，どのように英訳すればいいのだろうか？

もしこのセンテンスを大学入試の和文英訳問題として使えば，

Only the person who **is eating is knowing** the secret.

といったような英語を書く受験生が少なくないかもしれない．しかし，実際には，こうした英語表現は存在しない．

問題はどこにあるだろうか？　当然，ここで話題にしている動詞の使い方が要点になるのだが，その前に復習ポイントが1つだけ．それは上述の英文に見られる冠詞と単数形の使い方についてである．「食べている人」の「人」が，**the** person（例の［あの］**1人**の人）とされてしまっているのだ．しかしこれは「**例の人**」の話でもなければ，「**1人の人**」の話でもないので，このままではいけない．**the** person を，複数の「人びと」を表す，無冠詞の people にすれば，その問題は解決する．

「食べている」と「食事する」

では，肝心の動詞の問題を考えてみよう．まず，ここでの「食べている人だけが……」は，言うまでもなく，「**今の瞬間**（そのサプリメントを）飲み込もうとしている**途中**の人だけが……」という意味ではなく，「（そのサプ

リメントを)食べる**習慣のある**人だけが……」という意味なので，進行形をやめて

  Only people who **eat** it ....
と，「〜を習慣的にしている」ことを示す**現在形**を使えば，言いたいことが伝わる．

 あるいは，日本人の英語学習者が忘れがちな現在**完了進行形**を使う方法もある．つまり，

  Only people who **have been eating** it ....
という言い方だ．この表現には，「最近」というニュアンスが幾分かあり，「最近食べている人だけが……」とまでは言っていないが，そういったようなフィーリングのある表現になる．基本的には「過去のある時点から現在までの間，食べ続けてきている」ことを示している言い方だ．

 ここで，eat と have been eating のいずれの例にも，私がわざわざその後に it という目的語を付け加えたことに気づかれただろうか．実はこれがなければ，「ある1つのものを食べている人」という意味にはならない．eat という動詞は，目的語がなければ「**食事する**」という意味を表す**自動詞**になってしまうからである．つまり，目的語無しの

  Only people who **eat** ....
だと，「**食事する習慣のある**人だけが……」という意味になり，目的語無しの

> Only people who **have been eating** ....

だと,「最近**食事している**人だけが……」や「**食事してきた**人だけが……」というような意味になるのだ.

「知っている」のほうは

続いて, know について考えてみる. eat という具体的な「行為」を表す典型的な「**動作動詞**」とは違って, know(知っている)は典型的な「**状態動詞**」なので,「食べている人だけが, その秘密を知っている」の「知っている」を is [are] knowing に訳しても意味がない. そうした英語は存在しないのである.

日本語の「知る」という動詞は「知らない状態から知っている状態へのプロセス」を表し, 英語では同じことを, know ではなく「**動作動詞**」の learn で表す. ただし, 現在進行形の be learning は, 言うまでもなく,「**知っている**」という意味ではなく,「**知ろうとしている(知りつつある)途中**」のことを示す.

いっぽう「知っている」という**状態**を表すには, 現在形の **know** を使うので,「食べている人だけが, その秘密を知っている」は, 結局,「それをいつも食べる人々だけがその秘密を知っている」という日本語と同義であり,

> Only **people** who **eat** [**have been eating**] **it know** the secret.

という英語になる．

皆さん，正解にたどりつけただろうか？

現在形と「状態」

なお，「状態動詞」に対して「動作動詞」は，まさに行為，行動，動作などを表すものなのだが，現在形に限って言えば，たとえば drink（飲む）などのような「動作動詞」でも，もっとも根本的なレベルでは**現在ある状態**を表している，という考え方もある．「日本酒を飲む」ことを表して I **drink** saké. と言ったときに，これもまた**現在ある状態**を示していると言えなくもないのである．

これが何ゆえ「状態」なのか，いささかわかりにくいかもしれないが，理解のカギは，例の「動作動詞の場合，現在形は**習慣的行動**を表す」というところにある．つまり，I **drink** saké. は基本的に「私には，日本酒を飲む**習慣がある**」という意味なのである．そこから考えれば，「日本酒をよく**飲んだりするような状態**にいる」ことを表している，と言ってもおかしくないことがわかるだろう．

その他にも進行形がある

ここまで主に現在形と現在進行形と現在完了進行形について話をしてきたが，進行形と言えば，**過去**進行形・**未来**進行形・**過去完了**進行形・**未来完了**進行形も頻繁に

使われ，基本的には現在進行形・現在完了進行形と同じ原理で働いている．

たとえば，たまたまかかってきた電話に出て「悪いけど，今話せない．**着替えているところなんだ**」と言いたいときには，

I'm sorry, I can't talk now——**I'm changing clothes**.

のように，現在進行形を使って，現在の時点で何かをやっている途中，ということを表す．

これに対して「彼が電話をくれた時，**着替えているところだった**」と，**過去**のある時点で何かをやっている**途中だった**，ということを表したいときは，

I **was changing clothes** when he called.

のように，過去進行形を用いる．これと同じように，「明日も，彼が電話をくれる時は**着替えているところ**かもしれない」と，**未来**のある時点で何かをやっている**途中**だ，ということを表すときには，

Maybe I **will be changing clothes** when he calls tomorrow, too.

のように，未来進行形を用いることになる．

「3時間も待っていたよ！」

ここまではいいとしても，多くの日本人にとって，過去完了進行形と未来完了進行形はさらに馴染みのない，

いささかエキゾチックなものに感じられてしまいがちなようなので，この2つを取り上げる前に，**完了進行形**の基礎用法を確認してみよう．

まず，たとえば，かかってきた電話に出て「ロベルト？ 3時間も**待っていた**よ．なんでもっと早く電話くれなかったの？」と怒った人の話を考えてみる．ここに流れている時間を整理してみると，

　　過去のある時点：3時間前
　　現在：電話に出た人が怒って叫んだ瞬間

であり，この過去から現在までの3時間，「待っている」という状況が続いてきたことになる．**現在完了進行形**は，**過去のある時点**から**現在の時点**まで何かが**続いてきた**ことを表すために用いられるものなので，この場合にはまさにうってつけであり，それを使って，

　　Roberto? I**'ve been waiting** 3 hours! Why didn't you call sooner?

と訳すことになる．この "I've been waiting ...." は，現在完了進行形の典型的な用法である．

では，この話を現在から過去のほうへシフトしてみよう．そうすれば，過去完了進行形の出番になるのだ．**過去完了進行形**は，**過去のある時点**から**過去のもう1つの時点**まで何かが**続いてきた**ことを表すために用いられるものである．たとえば，

　　I **had** already **been waiting** 3 hours when his call

finally came yesterday!（昨日，彼からの電話がやっとかかってきた時，私はもう3時間も**待っていたところだったのよ**）

というような典型的な用法があげられる．ここでは，過去における最初の時点は，怒った人が待ち始めた時点であり，その後に訪れる過去のもう1つの時点は，やっと彼からの電話がかかってきた時点(昨日)だ．この場合，3時間続いた waiting は過去に終わったものなので，過去完了進行形で表現されているものである．

なお，同じ話を無理に未来のほうへシフトすると，ずいぶん独特なシチュエーションになるかもしれないが，たとえば

Probably I'll already **have been waiting** 3 hours when his call finally comes tomorrow, too!（きっと明日も，彼からの電話がやっとかかってくる時には，私はすでに3時間も**待っていること**でしょう）

という未来完了進行形の用法が考えられる．ここでは，**未来のある時点からその後のある時点まで続く**3時間もの waiting が予想されており，その3時間の「終点」も**未来**にあるので，**未来完了進行形**が用いられているのである．

私がこれまで見てきた大学生の英作文では，未来完了進行形が使われているのに一度も出会ったことがない．前述の「きっと明日も，彼からの電話がやっとかかって

くる時には，私はすでに3時間も**待っていることでしょう**」というやや稀な内容を表そうとすれば，おそらく

Probably I'm already **waiting** 3 hours when his call finally comes tomorrow, too!

のように，現在進行形を使う大学生が圧倒的に多いだろう．が，残念ながら，こうした文は，I'm ... waiting（今待っている）と tomorrow（明日）との時間的矛盾によって，英語としてはナンセンスになってしまうのである．

5 動詞のワンツーパンチ
——「入社する」「〜を探す」

　大学の授業で日本人の学生が書いた英作文を見ると，「動詞の用法によるワンツーパンチ」を受けて，意味の通じない英文を作ってしまっていることが多いように思われる．

　動詞のワンツーパンチとは，具体的に言うと，

ワン：英語の動詞と，それに「相当」すると学生が思い込んでいる日本語の動詞との間にある，**使い方のギャップ**によるパンチ
ツー：日本語とは違って，英語の動詞には**時制**があることによるパンチ

である．たとえば，授業で出会った次のセンテンスがその代表的な例になる．

　　After I graduate, I enter a bank.

　これはいい勉強になるかもしれないと，このセンテンスをホワイトボードに書き，受講生(これを書いた本人も含め，20数名)に和訳してみてもらった．すると，や

はり誰も躊躇せず,「私は卒業後,銀行に入社する」といった意味の日本語に訳したのであった.

答えから言えば,動詞のワンツーパンチを見事にくらっているこの英文は,「私は卒業後,銀行に入社する」という意味にはまったくならない. さてどんな意味になってしまうのか？ 前章のおさらいも含めて考えてみよう.

＊　＊　＊

日本人が苦手な「問題動詞」

　大学の授業で学生たちが書く英作文と，私が添削の仕事で読む英語の学術論文のいずれにも頻出する「問題動詞」は，だいたい決まっている．

　たとえば，前著『日本人の英語』で取り上げた，他動詞として用いられる challenge や expect という動詞が代表的な例になる．この 2 語の語義を，いま何も難しく考えず，反射的にパッとあげてみていただきたい．残念ながら，challenge＝挑戦する，expect＝期待する，と思う読者もいるかもしれない．

　改めて指摘しておこう．「challenge＋目的語」には「～を挑発する」や「～に異議を唱える」などの意味はあるが，「～に挑戦する」という意味はない．「expect＋目的語」には「予期する」という意味はあるが，「望ましい状態や結果を当てにして，その実現を心待ちにする」ことを表す「期待する」という意味はないのである．

　日本人の書いた英文に見られるこの 2 つの動詞に対する誤解は，強い思い込みによるもののように思われるが，いったいこの思い込みはどこから来るのだろうか．同じ勘違いをする人があとを絶たないことを思うと，高校までの英語教育や日本で出版されている英和辞典と関係があるのかもしれないと想像するが，詳しくはわからない．ぜひとも記憶の中の語義を修正して，「問題」か

ら抜け出していただきたいと願うばかりである．

動詞のワンツーパンチ

　challenge や expect ほどではなくても，ある英語の動詞と，日本人が「それに対応する」と思い込んでいる日本語の動詞とのあいだの，意味・使い方のギャップが意外に大きいことはよくある．これが「動詞のワンツーパンチ」の「ワン」である．そこに時制に対する感覚の薄さが「ツー」として加わると，英語の表現として，意図した内容とはかけ離れたものになってしまうケースが多くなる．

　ここで，本章の冒頭であげた文をもう一度みてみよう．

　After I graduate, I enter a bank.

繰り返すが，このセンテンスは「私は卒業後，銀行に入社する」という意味にはならない．

　この文を書いた本人や，その場にいた受講生だけでなく，この時の英作文のテーマが「将来について」だったということを知ればなおさら，同じように書く日本人は決して少なくないであろう．私も当然，筆者がそういうつもりで書いたことはよくわかったのだが，この英語をあえて日本語に訳すなら「私には卒業してから一軒の銀行の中に入る習慣がある」ということになってしまうのである．

「入る」の意味を考える

では，ここでの「ワンツーパンチ」は具体的にどのようなものだったのだろうか．もちろん，核心は enter である．

ワン：日本語の「**入る**」と英語の **enter** とでは使い方に大きな**習慣的ギャップがある**ことで食らうパンチ

ツー：英語の**現在形と未来形の使い分け**で食らうパンチ

さて，それぞれ具体的な問題はなんだろうか．

まず「ワン」から．確かに enter の語は，文脈によっては

「**入**国する」= **enter** a [the] country

「**入**社する」= **enter** a [the] company

「**入**学する」= **enter** a [the] school

「**入**室する」= **enter** a [the] room

「**入**院する」= **enter** a [the] hospital

「**入**獄する」= **enter** a [the] prison

などのように，「**入**」と言いたいときに **enter** が機械的に用いられていても差し支えないケースがあることはある．が，多くの文脈では，別の意味になってしまう．たとえば，

I **entered** the **bank** through the front door.（私はその**銀行**に表玄関から**入った**）

Today, she **entered** the **university** through the main

gate.（今日，彼女は正門から**大学**(のキャンパス)に**入った**）

Ayaka **entered** the **hospital** in a wheel chair.（彩香ちゃんは車いすで**病院**に**入った**）

They always **enter** the **prison** through the east gate.（彼らはいつもその**刑務所**に東門から**入る**）

などのような文がその典型になる．日本語なら何でも「入〜」を用いた漢語の形で表現するが，英語では，たとえば，

「**入社する**」= **start working at** [**become employed by**] a [the] company

「**入学する**」= **enroll** in a [the] school

「**入獄する**」= **be imprisoned**

「**入院する**」= **be hospitalized**

などのように，むしろ，enter の語を使わないケースが圧倒的に多い．「入〜」="enter 〜" という「ひとつ覚え」で常にやってしまうと，問題が生じてくる場合がよくあるのだ．

具体的に，たとえば「入院」という日本語の使い方を考えてみよう．「入院」には，「病院に**入ること**」ばかりでなく，「治療・検査を受けるために**一定の期間を**病院で**過ごすこと**」という意味も含まれている．だから「容疑者は現在入院**中**」や「最近，入院**している**父のことを考えると，……」などのような日本語がありえるのであ

る．ところが，enter が意味するのは「入ること」だけだ．

　だから病院の入口に"Entrance"という言葉が使われ，病院の入口から中へ入りさえすれば，entry（入ること）にはなるが，「入院」にはならない．これと同様に，学生の書いた"enter a bank"は「銀行に入る」ことにはなるが，「銀行に入社する」ことにはならないのである．

探しものは何？

「問題動詞」について少し掘り下げてみると，強い思い込みのせいと言うよりは，単なる確認不足によってよく使い方を間違われる動詞も少なくない．たとえば，search（探す）という動詞もそうである．

　日本語の「〜を探す」は，たとえば，

　① 携帯電話が見つからなくて，もう一度**部屋の中を探す**

という場合もあれば，

　② 無くしてしまった**携帯電話を探す**

という場合もある．いずれも言い方は同じ「〜を探す」であり，他動詞として用いられているが，①は捜索を行う「**場所**」を目的語とし，②は見つけたい「**対象**」のものを目的語とする言い方だ．

　これに対して，英語の search は

　① **search** a room（部屋の中を探す）

と
② search **for** a lost cell phone（無くしてしまった携帯電話を探す）

となる．①のように，他動詞として「**場所**」を目的語にすることはあるが，「**対象**」を目的語にすることはない．「**対象**」が来る場合は，②のように前置詞 **for** の目的語にするのである．これは，辞書を見ればすぐわかることである．「(無くしてしまった)財布**を**探した」のつもりで書かれた

I searched my wallet.（財布**の中を**探した）

といった英文を見ると，辞書で使い方を確認せずに書いた「怠慢」の結果としか思えないのである．

search の使い間違いは，学術論文にもよく登場するが，この場合，「探索する」という日本語にあてはめようとしたものであることが多い．日本語では，「探索する」の場合も「〜を探す」と同じく，たとえば

㋐ ナイル川の底を探索する

㋑ ナイル川の源を探索する

のように，㋐(場所を目的語とする)と㋑(対象を目的語とする)のいずれの使い方もあるので，やはり，不正確な英語表現が生じやすい．それぞれに対応する英語表現は，もちろん，

㋐ **search** the bottom of the Nile River

㋑ search **for** the source of the Nile River

である．

　この応用として，たとえば，「その情報を求めてデータベースを探索した」ということなら，

　　We searched the database for the information.

と「場所」である database を search の目的語にし，「対象」の information を for の目的語にすれば問題ないのだが，なぜか

　　We searched the information in the database.（データベースに載っているその情報の中を探索した）

というように，まったく別の意味になっている英文に出会うことが非常に多い．ここでは，"in the database" が information に直接続いているため，"the information that is in the database"（データベースに載っているその情報）と受け止められてしまうのだ．

受け身の「現れる」？

　「問題動詞」を個別にあげていくときりがないが，もう1つ，英語の学術論文と言えば，appear（現れる）も「問題動詞」として登場することが多い．

　たとえば「140 K 以下の低温で磁歪のピークが**現れた**が，……」ということを英語で表したいとき，

　　A peak in magnetostriction **appeared** below 140 K, but ....

と書けばいいのに，

A peak in magnetostriction **was appeared** below 140 K, but ....（140 K 以下の低温で磁歪のピークが現れ**られた**が，……）

と書いてしまうケースが典型である．appear はそもそも自動詞であり，受け身の形をとることはない．

ところが，この例のように自動詞の appear が，存在もしない受け身の形にされてしまった例に実によく出会う．不思議な現象だが，おそらく無意識のうちに，「現れる」の「〜れる」という語尾に何となく「受け身っぽい」感じを持っているからだろう．つまり，「嫌わ**れた**」= **was** disliked や「払わ**れた**」= **was** paid などのような受動態との連想で，「現れた」= was appeared とつい思ってしまう，といった程度の問題に過ぎないのかもしれないが，こうした「存在もしない英語」が唐突に現れると驚く．これもやはり，辞書などを確認すればすぐに改善できることなので，実にもったいない話である．

自動詞と受動態

若干余談になるが，英語の自動詞が受け身の形をとらないのに対して，日本語は自動詞でも受け身になりうる．たとえば，日本語なら，「寝る」→「寝られる」（例「先に**寝られて**しまっては困るのよ」）や，「死ぬ」→「死なれる」（例「父は，先日愛犬のモンタくんに**死なれて**しまって意気消沈している」），「微笑む」→「微笑まれる」

(例「僕はその時，彼女に悲しそうに**微笑まれて**何も言えなくなってしまった」)などのように，自動詞もまた，受け身の形で大事な役割を果たしているのだが，英語の sleep や die，smile などは，そもそもこうした受け身という便利な形にはならないので，その点いささか不自由に感じられるかもしれない．

「泣く」という意味で使われる自動詞の cry もその一例だろう．日本語の表現としては，「泣かれたりしたらどうしよう？」というのはごくふつうの言い方だろうが，英語の cry を「泣かれる」という受け身にすることは出来ないのである．

ただ，たとえば「子どもたちに**泣かれて**しまった」のような「迷惑の受け身」の場合であれば，前置詞の on を使って，"The children cried **on** me." と言えば，能動態のまま「やられてしまった」という気持ちを表現できる．

時制のパンチ

さて，「ワン」の「問題動詞」の話が長くなったが，続いて，「ツー」(英語の動詞には時制が重要であることを十分に認識していないことによって食らってしまうパンチ)について考えてみよう．

　　After I graduate, I enter a bank.

にひそむ時制の問題とは何だろうか．これはまさしく前

章のおさらいである．

　そもそもこのセンテンスを書いた学生が言いたかったことは，「私は卒業後，銀行に入社する」ということであるが，その時制はどうなっているだろうか．ここでの「入社する」は**これからする**つもりのことの話だ．それなのに，未来形ではなく，**繰り返してすることや習慣的にすることを示す現在形**で表現しようとしたところに問題があるのだ．

　つまり，以下のように書けばよかった．

　　After I graduate, I **will** start working for［be employed by; get a job at など］a bank.

動作動詞の現在形＝習慣，を思いだそう！

　日本語の動詞なら，たとえば，風邪気味になった人が「寝る前に，ビタミンドリンクを**飲みます**」と言って，その夜にするつもりのことを述べることもあれば，健康的な日常生活を自慢している人が「寝る前に，自家製の赤紫蘇ジュースを**飲みます**」と言って，自分が習慣的にしていることを述べることもある．同じ「飲みます」を使うこの 2 つのセンテンスのいずれも，背景や状況などのわからない単独の文であれば，**これからすることを**言っているのか，**習慣的にしていることを**言っているのかわからない，曖昧な日本語になる．が，英語では

　　Before going to bed, I **will**［**am going to**］drink....

と言えば，これからするつもりのことの話になり，

　　Before going to bed, I **drink** ....

と言えば，必然的に**習慣的行動の話**になり，曖昧さの入る余地はないのである．

「卒業予定」について

　ちなみに，先ほどの英文は，本当は「入社するのはこれからのこと」の話だったので

　　After I graduate, I **will** start working for a bank.

と添削したのだが，「だったら卒業するのもこれからのことじゃないか」と考えて，"After I **will** graduate, ..."のように，副詞節の"After I graduate"にも will を入れてもよさそうに感じる読者もあるかもしれない．しかし，そういう英語は存在しない．

　従属節である"After I graduate"が現在形になっているのは，これが，"I **will** start working for a bank"（銀行に勤め始める（つもりです））という**主節から見た現時点**だからである．そう考えると，ここは未来形にはなりようがない．"After I graduate"の時制について，現在形以外で可能なのは，基本的に同じ意味を表す"After I **have graduated**"という**現在完了形**しかないのである．

　あるいは，別の角度から考えると，銀行に勤め始めることが可能になるのは，「卒業してから」であり，「卒業する**つもり**」(I **will** graduate)になってからではないか

ら will は入らない，と理解してもかまわない．

パンチを逃れよう

　ワン：日英の，動詞の使い方のギャップによるパンチ
　ツー：英語の動詞には時制があることによるパンチ
という「動詞のワンツーパンチ」を，少しはイメージしていただけただろうか．

　"After I graduate, I work for a bank." という現在形の文を，大学生のツイートとして読んだら，日本語を知らない英語圏の人でもおおよそ言いたいことは推測できるはずだからいいじゃないか，という「ゆとりのある」考え方もあるかもしれない．私の経験からすれば，書き手がまだ中学生なら，そうした「何でも現在形」という典型的なカタコト英語も可愛く思ってもらえるかもしれないと思うが，大学生，ましてや社会人がこういう英文を書いてしまったらどういう印象を与えるだろう？　それが大目に見てもらえるほど，世の中は甘くはないのではあるまいか．

　ワンツーパンチのダメージの中には，辞書に載っている例文を調べ，文法の復習をすることで防げるものも多い．それをやらずに，カタコト英語がもたらす悪印象に甘んじているというのは，とてももったいない．必要なのは，まずそういう意識を多少なりとも高めること．そうすれば，たいていの人はワンツーパンチを回避するこ

とができるはずである．

過去形か現在完了形か？

時制の話が出たついでに，ここで，前の章でも指摘した過去形と現在完了形の問題について，もう少し補足しておきたい．

これは，とりわけ科学論文の添削の仕事で出会う問題だが，たとえば関連研究を紹介する段落で，

> Suzuki et al. **reported** a method that employed a newly developed laser.（鈴木その他は，新しく開発されたレーザーを用いた方法を発表した）

といった文が少なくない．こうした英文に訂正の必要があるかどうかは，実は，私の一存では判断できないのである．

具体的に言うと，この論文の著者本人に「reported（発表した）と，**過去形**で表現されていますが，この研究結果は，たとえ発表された当時には有意義だったとしても，現在ではもう特にそうではなくなったのでしょうか？ それとも，現在も十分に有意義なものなのでしょうか？」と訊かなければならないのだ．もし，「現在も有意義なものです」という答えが出たら，このセンテンスを，

> Suzuki et al. **have reported** a method that employs a newly developed laser.（鈴木その他は，新しく開

発されたレーザーを用いる方法を発表している)と**現在完了形**を使った文に直す．**過去のある時点**に起きたことでも，もしその影響や意味(ここでは有意義である側面)が依然として**現在までも続いている**場合であれば，**現在完了形**を使ったほうが正確な表現になるのである．

「約束」は生きているか

同じように，たとえば，「約束した」と言うときにも，その約束が現在も生きているかどうかによって，英語の表現は変わってくる．「僕は彼女に，来年の春にヴェネツィアで会うことを約束した」を

I **promised** to meet her in Venice next spring.

のように，**過去形**の promised(約束した)を使って書くと，その時(過去のある時点)での約束を今でも守るつもりであるかどうかは曖昧だが，いっぽう，

I **have promised** to meet her in Venice next spring.

のように**現在完了形**を使えば，「僕は彼女に，来年の春にヴェネツィアで会うことを約束している」と，現在の時点でも約束を守るつもりだということがはっきりわかる．

つまり，前述の have reported の例と同様，**過去のある時点**でなされた**約束の影響や意味**(ここでは守るつもりである意志，または，約束が「有効」である状態)が

依然として**現在までも続いている**場合であれば，**現在完了形**を使ったほうが正確な表現になるのだ．

あるいは，**過去形**の

> She **asked** her boss for a few days off.（彼女は，数日間の休暇を上司に申し出た）

という言い方だと，現在の時点では，彼女が上司からの返事をもらっているかどうかわからないが，**現在完了形**の

> She **has asked** her boss for a few days off.（彼女は，数日間の休暇を上司に申し出ている）

という言い方では，返事はまだペンディングであることがわかる．

時期がはっきりわかる場合の過去形

ただし，上にあげた reported, promised, asked については，どの例文にも過去の「いつ」という**時点や時期を示す表現**がない．もし，そうではなく，たとえば

> **In 2011**, Suzuki et al. **reported** a method that employed a newly developed laser.（2011 年に，鈴木その他は，新しく開発されたレーザーを用いた方法を発表した）

や

> **Last night**, I **promised** to meet her in Venice next spring.（昨夜，僕は彼女に，来年の春にヴェネツ

ィアで会うことを約束した)

あるいは

One week ago, she **asked** her boss for a few days off.（1週間前に，彼女は，数日間の休暇を上司に申し出た）

のように「**過去のある時を示す表現**」があれば，話が違う．そうした表現がある文は，過去に何があったかを述べる，あくまでも過去の話につきるものなので，現在完了形は用いられない．

逆に，たとえば，

Since November, 2009, he **has got** flu shots four times.（2009年11月から，彼はインフルエンザ予防接種を4回受けている）

のように，「過去のある時**以来**」を示す「since＋時」という節がある場合は，**現在完了形**を使い，過去形は使わない．

具体的に言うと，たとえば，前述の「鈴木」「ヴェネツィア」「休暇」の3つの用例を「since＋時」の文に書き換えれば，

Since 2011, Suzuki et al. **have reported** three methods that employ a newly developed laser. （2011年から，鈴木その他は，新しく開発されたレーザーを用いる方法を3つ発表している）

や

> **Since last week**, I **have promised** five times to meet her in Venice next spring.（先週から，僕は彼女に，来年の春にヴェネツィアで会うことを5回も約束している）

あるいは

> **Since last month**, she **has asked** her boss on several occasions for a few days off.（先月から，彼女は，数日間の休暇を何回も上司に申し出ている）

のような現在完了形の用法が考えられるのである．

6　ありえない話——「もし〜なら」

　まず，次の文を見ていただきたい．

　I could meet him in New York.

この文を読んで，さて「私」は「彼」にニューヨークで会えたのかどうかと訊かれたら，皆さんはどう答えるだろう．「だって，この文は「私は彼にニューヨークで会えました」という意味でしょう」と思われるだろうか．出題者の意図を読む技術に長けた大学受験生からは，「そんなこと訊くからには，会えなかった，ってことですかね？」などと言われてしまいそうだが，英語を母語とする「英語圏人」ならば，考える必要もなく「会っていない」と答える．具体的には，「これからニューヨークで会うかもしれないが，まだ会ってはいない」と受けとめるのだ．

　お察しの通り，これは仮定法の問題である．「もし〜なら」という話の前提条件が，「事実に反すること」や「ありえないこと」「起こる可能性が十分に低いこと」「あくまでも想定しているだけのこと」などである場合，

英語では仮定法を使って表現する．

　時制の問題と並んで，日本人は仮定法が苦手のようで，「使わないですませたい」などと思う人も多いかもしれないが，それこそ「ありえないこと」である．少しずつでも，感覚をみがいていこう．

＊　　＊　　＊

「もし今日が投票日なら」

アメリカでは，大統領選挙が近づくと，民主党と共和党それぞれの専属世論調査会社が週に1回くらい，「もし今日が投票日なら，どちらに投票しますか？」と無作為サンプリングで選んだ有権者に質問する．さて，英語では通常，この質問をどのように表現するのだろう？まずは皆さんも考えてみてほしい．

「もし……なら」とあるので，if節を用いた文になることはわかるだろう．後半は疑問文．たとえば

　　If today is voting day, which do you vote for?

という言い方を考えてみよう．これは，私が勝手に作った英語だが，大学入試の和文英訳問題であれば，おそらくこれが受験者の典型的な解答になるだろうし，同じセンテンスを考えた読者も多いかもしれない．

採点してみると

この解答に出会った採点者は，さて，何点を付けるだろうか？　私の予想ではおそらく，「もともとの日本語の意味には全然なっていない英語だ．零点にしたい」という気持ちを抱えつつ，ぐっとこらえて，なんとか10点満点中5点を付ければ，いいほうだろうか．

この解答が，なぜそんな点数になるのだろう？　「もし」= if,「今日」= today,「投票日」= voting day,「どち

ら」= which,「投票する」= vote と,語彙のレベルはちゃんとおさえられている.また,さらにありがたいことに,「〜に投票する」= vote **for** 〜と,こうした vote の場合に適切な前置詞は,to でも in でも at でもなく,for だということも思い出せた受験生なので,これも認めるべき,という判断もあるはずだ.

とはいえ,そうした「美点」よりも,はるかに大きな「欠点」が2つある.そのため,結局,この解答の得点はせいぜい5割といったところなのである.

動詞の落とし穴

具体的に見ていくことにしよう.

まず,くどいようであるが,第4章の時制の説明の通り,**現在形**の "which **do** you vote for?" は「これからどちらに投票しますか？」という意味ではなく,「**普段は**どちらに投票していますか？」という意味になる.当然のことながら,たとえば「今日の選挙では,どちらに投票しますか？」のように**これからの話**なら,"In today's election, which **will** you [**are** you **going to**] vote for?" と表現されなければならない.これが大きな欠点の1つめである.

もう1つの欠点は "If today **is** voting day, ..." に見られる.確かに「もし今日が投票日なら」という意味の文だが,この言い方だと,「もし今日が投票日なら……？」

と訊いた人自身の意識において,「投票日は実際に**今日かもしれない**」「**今日である可能性もある**」と思っていることになってしまうのである.これは,世論調査としては不条理劇に近い.

　この調査では,「今日が投票日」であるはずがないのは明らかで,あくまでも「もし,今日だったら」と,事実と反することを想定しているので,英語なら仮定法の出番である.つまり,この設問の場合,**仮定法過去形**を使った

　　If today **were** voting day, which **would** you vote for?

というような解答であれば,満点になるはずだ.

確率意識

「もし今日が投票日なら」に関する誤解の原因は,話し手[書き手]が考えている,「それが実際に起こりうる可能性」に関する意識の表し方における,日本語・英語間のギャップにあると思われる.

　日本語なら,「もし今日が投票日なら」という表現を使うとき,話し手[書き手]は投票日が「**今日かもしれない**」ということを前提にしている場合もあれば,「**今日ではない**」ことを前提にしている場合も,両方あるだろう.たとえば,「えっ？　今日？　まさか！　**もし今日が投票日なら**,早く行かなきゃ.もう7時半だぜ」と

いったようなシチュエーションも考えられる．

　ところが，英語では，これは表現上ありえない話だ．「今日かもしれない」ということを前提にしている場合と，「今日ではない」ことを前提にしている場合とでは，そもそも表現が異なり，同じ表現では言えないからである．"If today **is** voting day, ..."と言ったら，それは必然的に「**今日かもしれない**」ことを前提にしており，逆に，「**今日ではない**」ことを前提にしている場合であれば，"If today **were** voting day, ..."と，**仮定法過去形**を使って表現するしかないのである．

　要するに，日本語とは違って，英語の場合は，「ありえる確率」に対する意識の違いによって，表現そのものが変わってくるのだ．この違いを無視して英語を使おうとすると，カタコト英語の印象を与える可能性が高いのはもちろんのこと，意思伝達上，大きな障害にもなりかねない．

　ところが，私の「英作文」の授業の受講生や，大学入試の一般の受験生が書いた英語を見ている限り，高校まで受けてきた英語教育では，どうやらこうした問題意識を持たなくても何とかなったようである．

仮定法ぬきの教科書

　驚いたことに，仮定法が学校英語の授業で紹介されるのは，通常，英文法を学び始めて４年目(高校１年目)

のことで，用法の重要さに比してだいぶ遅すぎるように思われる．ふつうの公立中学校の3年間と，高校の1年目で「仮定法」がやっと登場するまでは，仮定法が存在しないかのような英語しか授業では使えないので，これでは教科書を作るのが大変難しいことになる．

　というのも，仮定法が使えない場合，自然な表現を用いて英文を作るのに，かなりの工夫が要るからだ．それなのに，私がこれまで見てきた日本の学校で使われている英語教科書では，「かなりの工夫」を凝らしているというより，むしろ間違った英語や不自然な英語の例が目立つ（2013年度から使われる新しい教科書でこの欠点が正されていればいいのだが……）．

　私が見た覚えのある中学3年生の英語教科書には，こんなレッスンがあった．ある中学校で生徒たちがディベートを行うという設定だ．ページの初めには「〈自動販売機を廃止すべきである〉という論題に対して，ニックが反対意見を述べます」という日本語の説明がついている．この設定のもとに，今度はニックが「自動販売機は廃止すべきです．節電は重要だと思いませんか」と追及されるのだが，こう質問された場合，ふつうならば，「もちろん重要だと思います．しかし，自動販売機を**廃止したとしても，大した節電にはなりません**」と反論したいところだろう．しかし，そんなことを述べるには，実際には行われていない〈自動販売機の廃止〉という，事

実と反することを想定することになるので，教科書の著者は，そうした反論をニックにさせるわけにはいかない．つまり，

> But even **if** we **abolished** vending machines, we **wouldn't** save very much electricity.

と，if を用いた仮定法過去形を使うことになってしまうので，ダメなのだ．ならば，何とか別の反論を考え出してニックに言わせるのが当然だろうが，著者はそうした工夫をせず，ただ現在形を使う．

> But we **can't** save a lot of electricity.（しかし，私たちは，たくさんの節電ができません）

と，「自動販売機を廃止するべきです．節電は重要だと思いませんか」という問いかけへの答えとしては実にちぐはぐな英語を，中学 3 年生に紹介するのである．

何より罪深いと思われるのは，But we **can't** save a lot of electricity. という英文が，あたかも「しかし，（自動販売機を**廃止したとしても**）大した節電にはなりません」と言っているかのように教えていることである．当然のことながら，どこをどう読み込んでも，この英文には「自動販売機を**廃止したとしても**」という含みはない．また，現在形の can't save を「(これから)大した節電にはなりません」という意味に受けとめることも不可能なのだ．この英文の本当の意味は，「しかし，私たちは，たくさんの節電ができる人間ではありません」というこ

とになる．第4章で説明したとおり，英語の**動作動詞の現在形**は「〜を習慣とする」という意を表すため，「私たちは(習慣として)たくさんの節電ができません」という内容になってしまうからである．

高校の教科書では

学校では具体的にこれまでどのように仮定法を教えてきたのかよくわからないが，たとえば，ある高校1年生の英語教科書に付属の教師用マニュアルの解説をみてみると，仮定法というものは教えるのが大変だ，という前提があるようだ．

まず，過去形の動詞が仮定法なのかどうかは「文脈から判断するしかない」という．私自身はあえて「判断」というほどのものが要るような難解な例を見た覚えはないが，それはともかくとして，この説明に続く文章がもっと不思議である．

「もし英語に仮定法専用の動詞形があれば，生徒の仮定法学習の困難はおおいに軽減されるのだが．以下の3文を比較して説明されたい．

I can swim across the river though I'm eighty years old.
I could swim across the river when (I was) young.
Old as I am, I could swim across the river if (it were) necessary.」

「仮定法専用の動詞形」には驚かされるが，それはともかく，ここにあがっている例文を具体的にみてみよう．

いちばん気になる問題は？

1番目の例は「わしは80歳じゃが，川を泳いで渡れるぞ」という内容を表し，現在形の **can** swim なので，もちろん，仮定法ではない．2番目は「わしは若い時分，川を泳いで渡れたぞ」という，昔の話を語るために使われる**ふつうの過去形**の **could** swim の例である．3番目は「わしは年取ってはおるが，必要とあらば，川を泳いで渡れるぞ」ということだ．現在の話だが，**仮定法過去形**の **could** swim ということである．

もちろん，この「3文を比較して説明」してもいいのだが，仮定法の学習に関するいちばん大きな問題は，別のところにあるのではないだろうか．つまり，英語では，どういう内容を伝えたい場合に仮定法を使うのか（使わなければならないのか），あるいは，どういう英文ならば仮定法だと考えるべきなのか，ということが，この例文では伝わりにくいように思われるのである．

たとえば，この3文を比較する場合，「if 節があるものが仮定法である」と説明しているようにも見える．しかし，当然ながら，if 節があるからといって常に仮定法となるわけではないし，後で述べるように，if 節がなくても仮定法が使われているケースもごくふつうにある．

また，3番目の例文について言えば，実は，これはふつうの現在形を使って，

> Old as I am, I **can** swim across the river if (it **is**) necessary.

と言ったとしても，日本語としては同じ「わしは年取ってはおるが，必要とあらば，川を泳いで渡れるぞ」と訳せるのである．英語学習者にとっての本当の問題は，日本語が同じなのであれば，英語はどう違うのか，いざというときはどちらを使えばいいのかわからない，ということなのではないだろうか．

ふたたび，確率意識

ここで先ほどの「もし今日が投票日なら，……」を思い出してみよう．日本語ではどちらも同じ言い方になるが，英語では，話し手が「そのことが起こりうる確率」をどう考えているかによって，表現が変わることを説明した．「事実に反すること」や「ありえないこと」「起こる可能性が十分に低いこと」「あくまでも想定しているだけのこと」などと考えているならば，仮定法を用いる．

上の3番目の例文についても，考え方は同様である．もし，「わしは年取ってはおるが，必要とあらば，川を泳いで渡れるぞ」と述べるときに，書き手が，「川を泳いで渡ることが必要になる」という事態を「実際に起こりうる可能性が十分にあること」と考えているならば，

Old as I am, I **can** swim across the river if (it **is**) necessary.

と現在形で書く．それに対して「実際は泳いで渡ることが必要になる可能性はほとんどない」という意識ならば，

Old as I am, I **could** swim across the river if (it **were**) necessary.

と仮定法を使う．基本的には同じことを言っているので，この2文は同じ日本語に訳してかまわない．違うのは，書き手[話し手]の，「確率」に対する意識だけなのである．

さらに言えば，「そのことが起こりうるかどうか」という判断は，いつも白か黒かに二分されるものではない．「もし私が鳥だったら……」ならば，決してありえないこととすぐわかるが，上述のような例になると，「どちらかと言うと……」というグレーゾーンがかならずある．その場合，たとえば「可能性はまあまああるかもしれないが，さほど高くはないだろう」という場合は **could** を無意識に選んで使うことが多い．逆に「可能性は高くないだろうが，まあまああある」という場合は **can** を無意識に選んで使うことも多い．

つまり，「ほとんどない」と「十分にある」の中間のときは，「どちらかと言うと……」という判断が無意識のうちに行われることが多いのである．if 文の現在形と仮定法過去形の違いは，これにつきる．

「if 節のない仮定法」も重要

　先ほど「if 節がなくても仮定法が使われているケースがある」と言ったが，この点に関して，日本語と英語には面白い違いがあるように思われる．たとえば，日本語では「もし，来週中に**お会いできれば**と思いますが……」のように，**条件**だけを表現して，その条件が満たされた場合にどうなるかは，読み手[聞き手]の常識的判断に任せる，という**帰結節が省略**される用法が，一般的であるようだ．

　これに対して，英語の場合は，たとえば

　　I **would** be glad to help you.（喜んでお手伝いします）

のように，**仮定法過去形**の述部(帰結節)だけあって，if 節で表現される**条件**のほうは**省略**され，省略された内容は読み手[聞き手]の常識的判断に任せられる，という用法がふつうである．この文の場合は，読み手[聞き手]が常識的に想像する「省略された if 節」(＝条件)は，"If it would be all right with you, ..."（もしそちらとして特に差し支えなければ，……）など，ということになる．

　とはいえ，英語にも帰結節が省略される用法がないわけではない．たとえば，

　　If only she would tell the truth!（彼女が本当のことを言ってくれたらなあ）

や

If I just had a little more money!（僕にもう少しお金があったらなあ）

などのように，副詞の only や just が用いられる場合だが，これは**願望**を表す独特な用法である．

1つ補足しておくと，上の

I **would** be glad to help you.

という文の，書かれていない if 節が "If it **would** be all right with you, ..."（もしそちらとして特に差し支えなければ，……）だとしたら，これは「起こりえないこと」や「起こる可能性が低いこと」ではないだろうに，なぜ仮定法になるのか，と思われた読者もあるかもしれない．

これは，少しくどく説明すれば，「あなたは当然私に手伝ってほしいだろう」という大きな態度を前提にせず，「あなたが私のようなものには手伝ってほしくないと思っている可能性は十分にあるだろうと思いますが……」という謙虚な態度を前提にするために，ここで仮定法を使っているのである．日本語にたとえてみるなら，「私でよければ，……」といったような感覚で，相手を尊重し，敬意を表しているものと考えればよい．

肯定文の could

このように，if 節の省略された仮定法は，英語ではふつうに使われる．さて，それでは，英文を見て，それが仮定法であるかどうかを「判断」するための，一番のポ

イントは何だろうか？

ここで，本章冒頭であげた文に戻ってみよう．

  I **could** meet him in New York.

純粋に「会える」なら"**can** meet"なので，その過去形の"**could** meet"ならば「私はニューヨークで彼に会えました」という意味になるはず，と思われただろうか？　しかし，英語を母語とする人間から見るとそういう意味にはならない．なぜだろう？　簡単に言えば，「英語圏人」はそのcouldを**仮定法過去形**と受けとめるからである．具体的に言うと，英語圏人は，この英文の意味を，「ニューヨークに**行けば**(**行きさえすれば**)，私は彼に**会える**(はずだけど……)」と受けとめるのだ．

「～できた」と言いたいときは

このように**肯定文に登場する**wouldとcouldは，原則的に**仮定法過去形**として使われる．もし，仮定法が表現する「あくまでも想定しているだけ」の話ではなくて，実際に「私は彼にニューヨークで**会えました**(**会うことができた**)」と伝えたいなら，

  I **was able to** meet him in New York.

と述べる．

こうした用法に対する意識が不十分だと，たとえば，技術者が「気温を上げることによって，デバイスの性能**を上げることができた**」と伝えたいのに，

> We **could** improve device performance by raising the air temperature.（気温を上げ（さえす）**れば**，デバイスの性能を**上げられる**（はずなのに））

と書いてしまう可能性が高い．この英文は，「あくまでも想定だけ」の仮定法になっているため，「気温を上げれば，デバイスの性能を上げられるが，（なんらかの理由があって）気温を上げてまでデバイスの性能を上げようとは思わない」と書き手は言いたいのだろうか，と思わせてしまうのだ．

「過去の時」が示されているとき

なお，would と could が用いられている**単独の肯定文**でも，以前に「過去形か現在完了形か」（第 5 章，79 頁）という問題で見たように，「**過去のある時を示す表現**」がその文にあれば，話が違う．たとえば，

> **Last year**, she **would** meet me in New York (, but now she won't).（去年，彼女は僕にニューヨークで**会ってくれていた**（が，今は会ってくれない））

あるいは

> **Yesterday**, I **could** eat her lasagna (, but today, for some reason, I can't).（昨日，僕は彼女の（作った）ラザニアが**食べられた**（が，なぜか，今日は食べられない））

のように，「**過去のある時を示す表現**」もある場合には，

wouldとcouldはwillとcanそれぞれの「**ふつうの過去形**」になるのである．もし，この2つの例文を仮定法に変えれば，

> **Last year**, she **would have met** me in New York (, but now she wouldn't). (**去年であれば**，彼女は僕にニューヨークで**会ってくれたはずだった**(が，今は会ってくれるはずがない))

と

> **Yesterday**, I **could have eaten** her lasagna (, but today, for some reason, I couldn't). (**昨日であれば**，僕は彼女の(作った)ラザニアが**食べられたはずだった**(が，なぜか，今日は食べられなかった))

という言い方になる．

前に94頁で，

> I could swim across the river when (I was) young.

のcould swimがふつうの過去形であると説明したのも，"when (I was) young"という「過去のある時を示す表現」が文の中にあったからなのだ．

否定文のcould

肯定文に登場するwouldとcouldが原則的に仮定法過去として使われるいっぽうで，**否定文**となると，その「原則」はだいぶ緩くなる．たとえば，

> She **wouldn't** meet me in New York.

という文章がある．前後の文脈のない，単独の否定文なら，仮定法過去形の「（私がそこに行っても）彼女は私にニューヨークで会ってくれるはずがない」なのか，それとも直説法過去形(＝willの「ふつうの過去形」)で「彼女はニューヨークで僕に会ってくれなかった」と言っているのかは曖昧である．要するに，こうした否定文は，前述の

 I **could** meet him in New York.

のような肯定文とは違って，**仮定法ではない可能性が十分にある**のだ．

 同じように，たとえば，

 I **couldn't** eat her lasagna.

のような単独の否定文なら，それは，仮定法過去形で「（頼まれても）僕は彼女の(作った)ラザニアが**食べられるはずがない**」と言っているのか，それとも直説法過去形(＝canの「ふつうの過去形」)で「僕は彼女の(作った)ラザニアが**食べられなかった**」ということなのかは曖昧である．

 つまり，単独の肯定文の

 I **could** eat her lasagna.

ならば「（食べようと思えば）僕は彼女の(作った)ラザニアを**食べられるはずだ**」というように，仮定法過去形の意味でふつう受けとめるが，単独の否定文の

 I **couldn't** eat her lasagna.

なら，**仮定法ではない可能性も十分にある**のだ．もし，こうした否定文に見られる曖昧さを避けたいなら，

 I **wasn't able to** eat her lasagna.（＝食べられなかった）

 I **would never be able to** eat her lasagna.（＝何があっても食べられるはずがない）

のように述べればいい．

 だが，幸いなことに，日常生活では前後の話がまったくないような「単独の文」の **couldn't** に出会うことはなかなかない．普段なら，

 She did the cooking. Her appetizers were good, but I **couldn't eat** her lasagna.（料理は彼女がやってくれた．前菜はうまかったが，ラザニアは**食べられなかった**）（＝ふつうの過去形）

や

 She says she wants to fix her "usual Italian dishes," but I think we should go out for dinner. I **couldn't eat** her lasagna.（彼女は「いつものイタリア料理」を作りたいと言ってくれているが，僕は外食したほうがいいと思う．僕には彼女のラザニアは**食べられないのだ**）（＝仮定法過去形）

などのように，話の流れというものがあって，意味ははっきりしているのである．

願望を伝えてみる

ちなみに，これらの文についても，前述の帰結節が省略されて if 節だけを残す，願望を表す言い方を使うことができる．

たとえば「彼女が僕にニューヨークで会ってくれ**さえすればなあ**」と言いたいならば，

  If she would **just** meet me in New York!

とできる．あるいは，「彼女があのラザニアにカレー粉を入れないでくれ**さえすれば**なあ」と言いたいなら，

  If only she wouldn't put curry powder into that lasagna!

と述べればいい．

ところで，上の 2 つの例において，just と only では一文のなかの位置が違うのに気づかれただろうか．副詞という品詞は，伝えたい内容にふさわしい「立ち位置」があり，ときにはその語をどこに置くかで意味合いが変わってくることもある．次章では，そんな「副詞まわり」の問題を取り上げてみることにしよう．

7 「オンリー」ひとすじ？——「〜だけ」

　さっそくだが，1つ問題を出してみよう．自分がどこかのレストランのマネージャーであるとして，ある日のランチタイム，外国人らしきお客が1人で入ってきた．まずは「お1人ですか？」と人数を確認しなければならない．これは英語ではなんと言えばいいだろうか？
　4つの選択肢をあげてみる．

① Only one?　　　② A party of one?
③ Are you alone?　④ Just yourself?

上記のうちの2つは，少しニュアンスは違うが，どちらもちゃんとした訊き方になる．しかし，残る2つのうち，1つは場合によっては失礼にあたり，もう1つは不可解である．さてどれがどれか，おわかりだろうか．
　正解は後にゆずるとして，この章で取り上げたいのはonlyである．onlyという語は，中学生でも知っている基本的な語であるにもかかわらず，どうもその使い方が正確に理解されていないようだ．「〜だけ」という日本語を見ると，条件反射的にonlyの語が出てくる人も多

いようである．

　しかし，「〜だけ」という意味を持つ英語は，もちろん「onlyだけ」ではない．本章ではこうしたonlyの使い方について，確認していくことにしよう．

　　　　　　＊　　＊　　＊

「オンリーワン」のワナ

SMAPの大ヒット曲に,「(ナンバーワンにならなくてもいい,もともと特別な)オンリーワン」という歌詞があった.「オンリーワン」という表現は和製英語であり,私は,初めて耳にしたときには意味がわからずお手上げだったが,「「君だけが特別」って感じだ」と友人が説明してくれた.

日本人が「〜だけ」＝onlyと,「ひとつ覚え」していたり,その用法にちょっとした誤解があったりするために,意図したのと違う内容を伝える英文になってしまうことがあるので,注意が必要である.最初に,いくつか「誤解を招く例」を見てみることにしよう.

「群馬にいるときだけ」

まずは大学の授業で,ある学生が書いた英文を見てみる.

When I am in **only** Gunma, I get hay fever.

"get hay fever"とは,いわゆる花粉症の症状が出るという意味である.さて,彼が言いたかったのはどういうことだろうか？

おそらく意図したのは「私は群馬にいるときだけ,花粉症が出るのです」ということだろう,と私は想像して,実際本人からもそのとおりだったことが確認できたのだ

が，この英文は，強いて日本語にするなら，「私は，群馬**だけにいる**ときに，花粉症が出る」というおかしなことになる．この日本語が不自然なのと同じくらい，もともとの英文は英語としても不自然なのである．

問題は何かといえば，only の**位置**である．私なら，次のように直す．

I get hay fever **only** when I am in Gunma.

一般的に言って，only は**修飾する語句の直前におかれる**．そのため，only **Gunma** なら「群馬だけ」になってしまうが，only **when I am in Gunma** なら，「群馬にいるときだけ」になるのである．

このように，使っている単語はまったく同じでも，それが置かれる位置によって文の持つ意味は変わってきてしまう．only といえば副詞で（形容詞の場合もあるが），副詞というのは動詞などとは違って，文中のどこに置くかはけっこう自由だ……．もしそう思っている方がいたら，その先入観はぜひ捨てていただきたい．副詞にも，それぞれの文脈のなかで，置かれるにふさわしい「立ち位置」があるのだ．

「1つだけで十分である」

実は only にまつわるこうした問題は，学生レベルの英文に限らない．日本人の科学者や研究者の書いた英語論文を添削するときにも頻出するのである．

7 「オンリー」ひとすじ？

たとえば，「この計算には，**1つの論理配列だけで**十分である」という和文なら，皆さんはどのように英訳されるだろうか．「私は文系だから，そもそもそんなことを書く必要はない」などと言わずに，この文において「だけ」が何を表現しているのかを，まずは日本語でよく把握してから，考えてみてほしい．

とりあえず語彙を示しておくと，「この計算」= this computation，「1つの論理配列」= one logic array，「〜にとって十分」= be sufficient for である．そうすると，「この計算には，**1つの論理配列だけで**十分である」は，

Only one logic array will be sufficient for this computation.

と訳せばよいのだろうか？

実はこの英文が伝える内容もまた，先ほどの群馬の例と同じく，日本語とは異なっている．強いて訳せば，「この計算に十分となる論理配列は，**1つしかない**」となる．つまり，かみくだいて言うと，「1つあれば十分である」と言いたいのに，「使い物になるのは1つしかない」と言っていることになる．

日本語で考えてみれば，その違いは明らかだろう．志望校に合格しようと日夜勉強している受験生も，「当日の試験では（10問あるうち）1問解ければ十分だ」と言われればリラックスするだろうが，「（10問あるうち）解いて合格できる問題は1つしかない」と言われると，

混乱するのではないだろうか.

では，上記の英文をどう訂正すれば「この計算には，**1つの論理配列だけで**十分である」という意味になるのだろう？　私なら，

> **A single** logic array **alone** will be sufficient for this computation.

と直す.

あるいは，似たような問題であるが，「たとえば，そのペダルを取り替える**だけでも** 1.5 人時が必要となってしまう」のつもりで

> For example, **only** replacing the pedal requires 1.5 man hours.

と書いたりするようなケースにもよく出会う．これも先ほどと同様，「たとえば，1.5 人時が必要となるのは，ペダルを取り替えること**だけである**」という意味になってしまう．これは

> For example, pedal replacement **alone** requires 1.5 man hours.

のように直せばいい．

2つの勘違い

このように，only という副詞の用法に関する勘違いによって，まったく違う意味を表す英文を書いてしまうことは決して珍しくない．ポイントは，以下の2つの

勘違いだろう．
 (1) only を文中のどこに置くべきかという，位置についての勘違い
 (2)「〜だけ」と言いたいときはとにかく only を使っておけばよいという勘違い

概してこの2つの勘違いをしている人が多いようだが，後で詳しく説明するように，これは意外にも，only のみならずさまざまな副詞について生じている勘違いでもあるように思われる．

 ともかく，誤解は1つ1つ解いていかなくてはならない．まずは only の置き場所の問題から，解きほぐしていくことにしよう．

「ロベルトだけ」か「イタリア語だけ」か

 only は「立ち位置」を選ぶ語で，どこに置くかによって意味が違ってくる．話をわかりやすくするために，簡単な英文で，「立ち位置」と，それによって変わる意味を確認してみることにしよう．

 たとえば，以下の3つの英文を，皆さんはどのような日本語に訳されるだろうか．基本的には only は直後に来る語を修飾する，という原則と，only の「立ち位置」を確認しながら，それぞれ考えてみてほしい．

 ㋐ **Only** Roberto uses Italian.
 ㋑ Roberto **only** uses Italian.

⑦ Roberto uses **only** Italian.

まず⑦は,「only＋主語＋他動詞＋目的語」という形になっている. これは,「"何かをする"のは〈主語〉だけだ」という意味を表す形である. それをそのまま当てはめると,

⑦ **Only** Roberto uses Italian.
　＝「イタリア語を使うのは, ロベルト**だけだ**」

となる.

これに対して④の場合は「主語＋only＋他動詞＋目的語」となっており, これは「〈主語〉は"何か**しかしない**"」という意味を表す. ⑦の「主語＋他動詞＋only＋目的語」については,「〈主語〉がするのは"何か"**だけだ**」という意味を表す. そこから考えると,

④ Roberto **only** uses Italian.
　＝「ロベルトは,（言語を使うことに関しては）イタリア語を使うこと**しかしない**」

⑦ Roberto uses **only** Italian.
　＝「ロベルトが使うのは, イタリア語**だけだ**」

となるだろう. つまり, この場合は, ④と⑦は基本的に同じことを言っているが, ⑦はそれとはまったく違う意味を表しているということになる. 基本的には only は, **修飾する語の直前に置かれる**という原則からいえば, ⑦ならば「**ロベルトだけしかいない**」となり, ④ならば「（言語を使うことに関しては）イタリア語を**使うことだ**

けしかしない」となり、㋒ならば「(使うのは)**イタリア語だけしかない**」となるのである.

日本語との違い

英語の only が基本的に修飾する語の直前に置かれる一方、日本語の「だけ」は「イタリア語**だけ**だ」のように、必ず対象の後に配置される. そこからの連想で、

　　Roberto uses Italian **only**.

という文でもいいのではと思われるかもしれない. だが、これは英語としてやや不自然に感じられる言い方だ. もし、"Roberto uses Italian" の後に only が登場するとすれば、先ほどの花粉症の例文のように、たとえば

　　Roberto uses Italian **only** <u>when he is in Italy</u>.（ロベルトがイタリア語を使うのは、<u>イタリアにいるとき</u>**だけ**だ＝ロベルトは、<u>イタリアにいるときに</u>**しか**イタリア語を使わ**ない**）

と、only のあとにセンテンスがさらに続き、その続きの部分全体が only の対象になる、というような形の文が最も英語らしい書き方になる.

たしかに、慣用表現では、たとえば、女性専用車両が "Women **Only**" と示されるように、「名詞＋only」という形をとる言い回しもあるが、これはあくまでも特殊なケースであり、日本語の「〜だけ」と同じ語順の「名詞＋only」がいつでも自然な英語になるわけではないの

である.

「ただ**君だけ**が」

このように文法的に考えると，こむずかしく感じる人もいるかもしれないが，上述の㋐の「only＋主語＋述語」という形の，よく知られた例をあげるなら，たとえば，ロイ・オービソン(Roy Orbison)のヒット曲 "Only the Lonely"(オンリー・ザ・ロンリー)が思い出される．この曲名は巧く韻を踏んでいて，歌の冒頭は

> **Only** the lonely know the way I feel tonight.
> (僕の今夜の気持ちがわかるのは，寂しい思いをしている人**だけ**だ＝孤独感を覚えている人**だけ**に僕の今夜の気持ちがわかる)

というものだ．

あるいは，プラターズ(The Platters)のヒット曲 "Only You"(オンリー・ユー)は，聴いたことのある読者も多いかもしれない．この曲の歌詞の，たとえば，

> **Only** you can make the darkness bright.
> (この闇を明るく照らせるのは，君**だけ**だ＝君**だけ**がこの闇を明るく照らせる)

のような使い方もまた，「only＋主語＋述語」の典型である．こうした耳になじみやすい例から，覚えてみるといいだろう．

また，この「only＋主語＋述語」の形は，仮定法の文

でも使われることが実に多い．たとえば，「信じるもんか，そんな話」という意味で，

Only a fool **would** believe a story like that.
（そんな話を信じるのは，バカ**だけ**だ＝バカ**だけ**しかそんな話を信じない）

という使い方は，いたってふつうの用法である．

「修理するだけ」

ちなみに，1つ注意しておいてほしいことがある．上述の①で使われている「主語＋only＋他動詞＋目的語」のパターンについては，場合によって意味が曖昧になる可能性もあることだ．たとえば，

Adam **only** repairs guitars.

という簡単な文を考えてみよう．これは「アダムはギター**しか**修理し**ない**」という意味を表すこともあれば，文脈によっては「ギターに関しては，アダムは修理する**だけ**だ」という意味を表すことも十分にありえる．具体的に言うと，たとえば

Adam **only** *repairs* guitars; he never *plays* them.
（ギターに関しては，アダムは修理する**だけ**であり，弾くことはまったくない）

というような使い方もあるのだ．

このように，only が動詞の直前に位置している場合，動詞の目的語を修飾することもあれば，動詞そのものを

修飾することもあるのだ，と覚えておくとよい．

　こうした曖昧さを避けるために，「アダムはギター**しか修理しない**」の意味を伝えたいなら

　　Adam repairs **only** guitars.

と only を guitars の直前に置けばいい．逆に，「ギターに関しては，アダムは修理する**だけだ**」の意味を伝えたいなら

　　As for guitars, Adam **only** repairs them.

のように，文の形を変えて only を repairs の直前に置けばいい．

　付け加えれば，

　　Adam **only** *repairs* guitars; he never *plays* them.

の *repairs* と *plays* のように，文脈において対比的な意味をもつ 2 語は，文に書かれるときはイタリック体（斜字体）で示されることがよくある．また具体的な対比が述べられていない場合でも，こうした表記が頻繁に使われる．つまり，

　　Adam **only** *repairs* guitars.

という表記にすれば，「ギターに関しては，アダムは**修理するだけだ**」という意味になり，

　　Adam **only** repairs *guitars*.

という表記にすれば，「アダムが修理するのは，**ギターだけだ**」という意味になるのだ．口頭で伝える場合は，上記のイタリック体になっている語の発音に強勢を置く

のがふつうである．

「1 匹面倒をみるだけでも」

さて，次に，勘違いの2つめ，「～だけと言いたいときはとにかくonlyを使っておけばよい」という誤解について考えてみることにする．

前述の "**only** one logic array is ..." と "**only** replacing ... requires ..." の文を直すとき，私はaloneという語を使った．他にも，a singleやsimplyなど，文脈によってはonlyよりむしろ「～だけ」の訳としてふさわしい語はいくつもある．しかし，「～だけ」＝onlyのワナに捕らわれてしまった人は，こうした語の存在すら忘れてしまっているかのようである．

たとえば，「たった1匹の犬の面倒を見る**だけでも**，かなりの努力が必要となる」という文を英語にせよと言われたら，すぐにonlyが頭をよぎる人はいないだろうか．自然な英語にしようとするなら，私は，

Simply taking care of a **single** dog **alone** requires quite a lot of effort.

のようにonlyという語を使わないで書くだろう（ここでは，simplyとsingleは強調のために使われている）．

これは特別な例では決してなく，前述の「ロベルト」の話にしても，onlyを使わずに書くことができる．たとえば

「イタリア語を使うのは，ロベルト**だけ**だ」
→ Roberto **alone** uses Italian.
「ロベルトは，イタリア語しか使わ**ない**」
→ Roberto uses Italian **alone**.

のように書けばいいのである．これらは alone の典型的な使い方であり，「〜だけ」という意味を伝えるのに，only と同じくらいに一般的な表現である．ただし，only とは違って，alone の場合は，**直前にある語を修飾する**ことに注意しよう．

「お1人ですか？」

ついでに，

Alone, Roberto uses Italian.

という文は，

When he is alone, Roberto uses Italian.（ロベルトは，1人のときにイタリア語を使う）

と同じく，

Roberto **alone** uses Italian.（イタリア語を使うのは，ロベルト**だけ**だ）

とは別の意味で使われることがある．こういう場合の be alone（1人でいる）の使い方に関しては，少々注意を払ったほうがいいだろう．

ここで，本章冒頭の問題に戻ってみよう．1人でレストランに入ってきた客に対して，マネージャーは「お1

人ですか？」という意味で，通常"Are you alone?"とは訊かないのである．頻繁に使われるのは"A party of one?"といういささか改まった感じの表現であり，親しみのこもった"Just yourself tonight?"などのような砕けた訊き方をされることもある．つまり，②と④は立派な英語である．

ところが，ここで"Are you alone?"と訊くと，「ひとりなんですか？　一緒に食べる友だちがいなくて，なんだか可哀そう」といった気持ちを表しているかのように響いてしまう．相手の気持ちを考えると，"Are you alone?"よりも，"Will you be joined by someone?"（お待ち合わせでしょうか）と訊いたほうがまだマシな言い回しになる．また，さらにいえば，同じ「お1人ですか？」の意味で，英語圏のバーなどのような場所では，"Are you alone?"が「ナンパするときの言葉」として頻出する．いずれにしても，レストランのマネージャーが使う言葉としては，いささか失礼な表現だ．

「お1つですか」？

そこで，①の"Only one?"である．私個人の話だが，日本のレストランに1人で入るときに，たまに"Only one?"と英語で訊かれることがある．その場合，私はたいてい「はい，1人です」と日本語で答えるが，"Only one?"は，実は英語としては「**1人だけ？**」と

いう意味とはふつう受けとめられない．むしろ「**1つだけ？**」という意味で受けとめられる言い方なので，日本語のわからない「英語圏人」が初めてそのように訊かれたら，質問の意図が不可解で，即座に答えられなくてもおかしくない．

「サラダはレタスだけ」
「〜だけ」は only だけではないことを覚えておいていただくためにも，最後になぞなぞを1つ．私が東京の大学に勤め始めてまだ1年目の時に行われた「英語夏季集中講座」でのこと．学生は各自，最後の晩の打ち上げパーティーで英語の riddle（なぞなぞ）を発表する，という宿題があり，1人の男子が次のようなものを出してきた．

> At a hotel restaurant, two newlyweds ordered the "Honeymoon Salad." What was in that salad?（あるホテルのレストランで，2人の新婚さんが「ハネムーン・サラダ」を注文しました．さて，そのサラダには何が入っていたのでしょうか？）

我々教員も含め，誰にもわからなかったその答えは "Lettuce alone."（レタス**だけ**）であった．つまり，"Let us alone."（私たちを放っといてね）と同じ発音のだじゃれだったのだが，皆，長い集中講座で疲れていたせいか，これはかなり受けた．

8 副詞の「立ち位置」
——「ただ」「ほとんど」

　日本人が書いた英文の添削をしていると，副詞に関する問題は，前章で取り上げた「only 問題」だけでなく，他にもいろいろとある．ひょっとすると学校の英語教育のなかで，副詞は何となく「オマケ」的な扱いを受け，その用法を正確に覚えるために割かれている時間はあまり多くないのでは，という気がする．

　副詞の用法に関して問題が生じる原因の1つには，「日本語の柔軟さ」ということもあるだろう．たとえば「ほとんど」という語．「ほとんど」と言えば，多くの日本人は almost という英語を思い浮かべるだろうが，実は両者のあいだには根本的な違いがある．日本語の「ほとんど」は，「ほとんどが賛成している」のように名詞として用いられる場合もあれば，「雨はほとんど止んだ」のように副詞として使われる場合もあるが，これに対して，almost は副詞としてしか使えないのである．

　それでは，ここで問題．次の文を英語に訳してみてほしい．

その日のダンサーは，**ほとんど私の友だち**でした．

私の「英作文」の授業での経験からすると，ほとんどの，とは言えないが，多くの日本人は，次のように訳す可能性がある．

The dancers on that day were **almost** friends of mine.

さて，正解か否か？

*　　*　　*

「ただ」の話

前の章で触れたように，only に関する

(1) 文の中での「立ち位置」が間違っていることによって，伝えたい意味が通じない
(2) 「〜だけ」= only という「ひとつ覚え」をされてしまっていて，その文脈で本当にふさわしい，only 以外の語を使わない

という問題は，他の副詞についても言える場合がある．その一例として，just(=ただ)もあげられる．本章では，まずこの「ただ」の話から始めることにしよう．

たとえば「私が言いたいのは**ただ**，締め切りを守れないだろう，ということ(だけ)です」と述べたいときに，英語ではどう表現すればよいだろうか．大学生に英作文させてみたところ，

> **Just** I want to say is that I don't think we can meet the deadline.

のように，just を文頭に置いた解答が圧倒的に多かった．

なぜ文頭なのか？

上の解答例で示したように，「ただ〜だけだ」という英文を書こうとするとき，何が原因なのかはわからないが，なぜか文頭で just を使う人が日本人には多いように思われる．just の「立ち位置」についてのルールは，

onlyと同じく，修飾する語(語句)の直前に置かれるのがたいていベスト，ということである．そこで，ここでは「ただ私だけ」ではなく，「ただ〜と言いたいだけ」なのだから，just を使うなら，

 I **just want to say** that I don't think we can meet the deadline.

と書けばいいし，また，もし冒頭のIの前に何かの1語を置きたいのであれば，

 All I want to say is that I don't think we can meet the deadline.

と書けばいいのである．あるいは次のようにonlyを使うことも可能である．

 The **only** thing (that) I want to say is that I don't think we can meet the deadline.

「ジャスト・ミート」問題

こうした「ともかく文の冒頭に置く」という不思議な思い込みに加えて，もう1つjustにまつわる問題をあげるなら，日本語の「ジャスト」と英語のjustとの意味のずれ，ということがあるように思う．

英語の just は，「ただ」や「だけ」以外に，たとえば，

 She has **just** returned from a year of study in Malta.
 (彼女は1年間のマルタ留学から帰ってきた**ばかり**だ)

> The "al-dente-ness" of this spaghetti is **just** right.
> （このスパゲッティの「アルデンテ度」は**ちょうど**いい）

のように，さまざまな意味を表すために用いられる言葉である．これに対して，日本語の「ジャスト」は「ちょうど（＝ぴったり，きっかり）」という意味でしか使われないが，そのイメージが強すぎるために，英語の just をふさわしくない形で使ってしまうこともあるのではないだろうか．

　なかでも，私がもっとも不思議に思うのは，和製英語の「ジャスト・ミート（just meet）」である．日本語で話すときに「2 千円ジャストです」などの言い方をふつうに使う私も，この「ジャスト・ミート」にだけは抵抗感が強い．野球用語で「ボールの真芯にバットを当てて打つ」ことを言い，そこから比喩的に「ど真ん中をとらえる」というような意味で使われているわけだが，英語の just meet には，当然のことながら，そんな意味合いはまったくない．

「ユーザーのニーズにジャスト・ミートする」

　「ジャスト・ミート」という言い方を初めて聞いたのは，昔，福澤朗アナウンサーの「愛称」が「ジャストミート」であることを，たまたま耳にした時である．そも

そも野球用語の「ジャスト・ミート」を知らなかった私は，てっきりその愛称を Just Meat（肉だけ）だと長い間思い込んでおり，そのため，笑われて恥ずかしい思いをしたこともある．悔しかったが，私が和製英語に関して無知だったので，黙っているしかなかった．

　もし，本当の英語表現で動詞の meet が副詞の just に修飾されたら，どういう意味になり得るのだろうか？たとえば，以下のような例が考えられる．

　　You can **just meet** her. You don't have to loan her any money.（彼女に**会うだけ**でいい．金を貸したりする必要などない）

あるいは，meet が過去形の場合も考え得る．

　　You **just met** her yesterday. You shouldn't loan her any money.（おまえは，昨日彼女と**知り合ったばかり**だ．金を貸したりしちゃダメだよ）

しかし，言うまでもなく，どちらの場合も，just は「ちょうど（＝ぴったり，きっかり）」の意味にはならないし，日本語の「ジャスト・ミート」の「ジャスト」とも何の関係もない．

　逆に，たとえば「このアプリケーションはユーザーのニーズにジャスト・ミートするだろう」のような（私は絶対に使わない）日本語を英訳する場合はどうだろうか．どうか読者の皆さんには，

　　I think this application will **just meet** user needs.

のような英文を書かないように注意していただきたい．というのも，この英文だと「ユーザーのニーズに**ぎりぎり間に合う**だろう」の意味になってしまうからである．日本語の「ジャスト」にとらわれずに，他の副詞を使って，

 I think this application will **perfectly** [**exactly**; **precisely**] meet user needs.

のような英語にすれば，伝えたい意味が通じるのである．

「十分に」気をつけよう

 文中の「立ち位置」が誤解されやすい副詞といえば，もう1つ，enough がある．試しに次の2つの文を，enough を使って英語に直してみてほしい．

  その部屋は十分に広かった．

  彼は彼女のことを十分に愛している．

enough という語は，たとえば enough money（十分なお金）のように**形容詞**として用いられることもあれば，big enough（十分に大きい）のように**副詞**として用いられることもある．このうち形容詞の enough については，日本人にとってもさほど問題にならないようだが，副詞の enough については問題が生じやすい．

 その理由は単純だ．日本語では「**十分に**大きい」のように「**十分に**」は必ず修飾対象の言葉の**前に**配置されるのに対して，英語では "big **enough**" のように，副詞

の enough は必ず修飾対象の言葉の**後**に配置されるからである．そのことを「十分に」意識していないと，日本語の語順に影響されて，妙な英語を作ってしまうことになりかねない．

　たとえば，前述の 2 つの文について，
　　「その部屋は十分に広かった」
　　→　The room was **enough** spacious.
　　「彼は彼女のことを十分に愛している」
　　→　He **enough** loves her.
と書いてしまう事態が生じる可能性がある．残念ながら，enough spacious も enough loves her も，いずれも英語としては存在しない表現である．英語では，それぞれ

　　The room was spacious **enough**.
　　He loves her **enough**.

となる．

　間違った語順であっても，この程度の短い単純な文ならば言いたいことは伝わるかもしれないが，こんなことで相手にマイナスの印象を与えてしまうのは非常にもったいない．少し意識を高めるだけでふせげることなのである．

大人のための訂正方法

　こうした問題に大学生の英作文で出会ったときは，私はたいてい enough の位置を正すだけだが，学術論文の

8　副詞の「立ち位置」　　　129

場合は，別の直し方にすることが多い．たとえば「この値は，我々の目標に達するのに**十分に高い**」のつもりで

This value is **enough** high to achieve our goal.

と書かれてしまった文があったとする．これを high enough と直しても意味上特に差し支えはないのだが，**学術論文らしい文体**ということまで考えると，enough は語彙として，今ひとつという感じになる．具体的に言うと，英語圏では小学生の作文でもよく使われるような，いささか口語的な語なのである．そこで enough の使用をやめ，

This value is **sufficiently** high to achieve our goal.

と，もう少し品格のある sufficiently を使って直したくなる（sufficiently は日本語の「十分に」と同様，必ず修飾対象の形容詞の**前**に配置される副詞である）．少なくとも学術論文の添削なら，たとえ enough の「立ち位置問題」がなくても，sufficiently を使って書き換えるようにお勧めしたい．（このあたりのことについては，12章で詳しく述べよう．）

「ほとんど友だち」

では，ここで，本章冒頭の問題を考えてみることにしよう．「その日のダンサーたちは，**ほとんど私の友だち**だった」という日本語を，

The dancers on that day were **almost** friends of

mine.

と訳せば，伝えたい意味は通じるのだろうか？

　結論から言えば，通じない．この英文だと，「その日のダンサーたちは，私の（友だちではなかったが）友だち**に近い**人々だった」という意味になってしまうのである．

　almost もまた，only や just と同じく，「ひとつ覚え」の多い副詞である．「立ち位置」についても同様で，日本語に「ほとんど」という語が使われているなら，その英訳の文のどこかに almost を適当に配置すればそれでいい，というルーズな見方がどうやらあるようだ．これは大きな問題になりかねないのである．

　では，なぜ

　　The dancers on that day were **almost** friends of mine.

が「その日のダンサーたちは，私の（友だちではなかったが）友だち**に近い**人々だった」という意味になるのか，まずはそこを確認してみよう．

　almost は，基本的に nearly と同じ意味である．たとえば「ホテルに着いた時，もう夜 10 時近くなっていた」なら，英語では

　　When we arrived at the hotel, it was already **almost**〔**nearly**〕10 p.m.

と表す．つまり，almost と nearly は「〜**に近い**状態」を表現するように用いられ，「もう少しで〜」や「すん

でのところで〜」といった感じの状態を表すことの多い言葉なのである．これを "... were **almost** friends of mine" にあてはめてみるなら，"... were **nearly** friends of mine" と言い換えてもよい．この観点から考えれば，「**もう少しで**友だちになる」，つまり「友だちにまではなっていなかったが，友だち**に近い**（人々だった）」という意味になることがわかるだろう．

融通のきく日本語の「ほとんど」

「もう少しで友だち」のような間違いをふせぐためには，ともかく「ほとんど」＝almost という「ひとつ覚え」を頭から追い払うしかないのだが，それにしても日本語の「ほとんど」の用法には，almost の用法にはない柔軟性があるようだ．まず，本章の冒頭でも触れた，副詞だけではなく名詞としても使えるということ．「僕はこのごろ**ほとんど**勉強していない」のように**副詞**として用いられることもあれば，「国民の**ほとんど**が反対している」のように**名詞**として用いられることもある．また，「立ち位置」に関しても融通がきく．結果的には，「その日のダンサーは，**ほとんど**私の友だちだった」という言い方を，

その日の**ほとんどの**ダンサーは，私の友だちだった．
その日のダンサーの**ほとんど**は，私の友だちだった．

などのような言い方に書き換えても特に差し支えないだ

ろう．英語のalmostでは，そうはいかない．

さて，正解は

それでは，「その日のダンサーは，ほとんど私の友だちだった」を英語で表す場合，どうすればいいのだろうか？　まず，もしどうしてもalmostを使いたいのなら

> The dancers on that day were **almost all** friends of mine.

のように副詞のalmostが形容詞のallを修飾するようにすればいい．あるいは，「almost 無し」の言い方では，

> **Most of** the dancers on that day were friends of mine.

や

> **For the most part**, the dancers on that day were friends of mine.

や

> The dancers on that day **mostly** were friends of mine.

などのような表現も立派な英語になる．

「ほとんど日本の歌だった」

では，練習のために応用問題を出しておこう．なるべく先を見ないようにして，自分で英訳を考えてみてほしい．

第1問:「私の1年目のキャンパス・ライフは,**ほとんど**が楽しいものだった.」

第2問:「私が聴いていたのは,**ほとんど**日本の歌だった.」

万一,次のように答えた読者があれば,ここまでの数頁は「ほとんど」無駄だったことになってしまう.

第1問:My first year of campus life was **almost** enjoyable.(私の1年目のキャンパス・ライフは楽しいもの**に近かった**)

第2問:I **almost** listened to Japanese songs.(**もう少しで**日本の歌を聴いて**しまうところ**だった)

以下のように書いていれば,とりあえず「ひとつ覚え」は克服である.

第1問:**Most of**[**Almost all of**] my first year of campus life was enjoyable.

[My first year of campus life was **mostly** enjoyable.]

第2問:I **mostly** listened to Japanese songs.

[I listened **mostly** to Japanese songs.]

「便宜的な共同生活」?

nearly や mostly 以外に,文脈によっては almost と置き換え可能な副詞のなかで,日本人があまり思い付かないのは,practically ではないだろうか.practically は,

「実際的に」とか「実用的に」という意味が「ひとつ覚え」されてしまっており，そのせいか，「ほとんど」を思い浮かべることはあまりないようなのだ．

　私が初めて practically という副詞の用法に対する誤解に遭遇したのは，昔，ライザ・ミネリ主演の『キャバレー』という映画を観た時である．主人公のサリーが友人のブライアンに「私たちは同棲しているも同然でしょ」，つまり「同棲」までいってはいないが，それに**近いような生活をしている**，という意味で，次のセリフを言う．

　　We're **practically** living together.
ここでの practically は，どの英和辞典を引いてもわかるように「ほとんど，〜も同然（= almost）」という意味を表している．が，その当時の日本語字幕は「便宜的な共同生活だから」となっていた．

役に立つのか，立たないのか？

　その後『キャバレー』の字幕の新しいバージョンが出たが，確認してみると，「訂正」の結果と言うべきか，先ほどのセリフは結局訳されることもなく無視され，字幕には登場しなくなってしまっていた．だが，似たような問題は依然としてよくある．日本の大学生の英作文で出会う practically の使い方から見ると，practically に almost という意味もあることにはまったく気づいてい

ないように思われるのだ．たとえば，「その資格を得たのだが，**実際には**役立たなかった」というつもりで

I got the qualification, but it was **practically** useless.

と書くのが典型．これでは，「その資格を得たのだが，**ほとんど**役立たなかった(＝ちょっとだけは役に立った)」という含意をもってしまう．この英文は，

I got the qualification, but it was useless **for practical purposes**.

のように書き直せば，伝えたい意味になる．

科学者や研究者の書いた英語論文でも，同じような問題によく出会う．たとえば，「その電圧は，**実用上** 15V まで上昇する」と言いたいときに，

The voltage will **practically** increase to 15V.

と書いてしまう例が典型になる．これは上の場合と同じく，「その電圧は，**ほとんど** 15V まで上昇する(＝15V までは上昇しないが，それ**に近い**電圧になる)」という意味になってしまう．この英文は，

In actual practice, the voltage will increase to 15V.

のように書き直せば，伝えたい意味が通じるようになる．

最後に finally の話

副詞の「ひとつ覚え」と「立ち位置」の問題はなかなか根深い．もう1つ思い出す単語は，finally である．

本章の「最後に」，この finally を取り上げてみよう．

ここで問題．以下の2つの日本文を，finally という副詞を使って英訳したとする．さて，finally の使い方として正確なのはどちらだろう？

①「**最後に**，実行委員会の皆さんに心より感謝を申し上げます」
→ **Finally**, I express my heartfelt appreciation to the members of executive committee.

②「彼女は，**結局**，高橋ゼミを受験することにした」
→ She **finally** decided to take the exam for the Takahashi Seminar.

正解は，①である．こういう「最後にもう一言」を付け加える際に用いる finally は，日本人の英語のなかでも，ほぼ間違いなく正確に使われているように思われる．ちなみに，このように「最後に，一言」を示す場合，"Finally, ..."の代わりに，"Lastly, ..."を使ってもいい．

いっぽう，②のほうは「誤ったひとつ覚え」の典型である．「結局」や「最終的に」という意味のつもりで finally を②のように用いる人は多いようだが，

She **finally** decided to take the exam for the Takahashi Seminar.

は，「彼女は，結局，……」ではなくて，「彼女は，（長く悩んだあげく）**やっと**(**ようやく**)高橋ゼミを受験する

ことにした」という意味になってしまうのだ．この場合は finally を用いず，

> **In the end** [**Eventually**; **Ultimately**], she decided to take the exam for the Takahashi Seminar.

と書くのが本当の英語である．

「やっと」と「結局」

この「finally＝(長く待った(頑張った)あげく)**やっと**」は，ごく一般的な用法でもあるが，日本人の英語のなかでは，なぜか

> The baby **finally** fell asleep.（その赤ん坊は**やっと**寝ついた）

や

> I **finally** understood.（**やっと**わかった）

などのように，finally がそうした意味で用いられている例に出会うことは，意外なほど少ない．

なお，「(長く待った(頑張った)あげく)やっと」の場合，

> **At last** the baby fell asleep.
> The baby fell asleep **at last**.

のように，finally の代わりに at last を使ってもいいが，残念ながら，この at last もまた，勘違いした使い方に出会うことの多い表現である．たとえば，次の英訳を見ていただきたい．何が問題なのだろうか？

「**結局**，私たちはそのまま 2 − 0 で負けた」
　→　**At last**, we lost by the same 2 − 0.
「ハムレットは王を殺し，**最後には**死んでいくのだが，……」
　→　While Hamlet kills the king and **at last** dies, ...

at last は，last が目にとまるからなのか，「結局」や「最終的に」と誤解されがちなのであるが，先ほど述べたように，「（長くかかったあげく）**やっと**」を意味する決まり文句である．つまり，先ほどの英訳の文の意味はそれぞれ，

At last, we lost by the same 2 − 0.
「**やっと**，私たちは同じ 2 − 0 で負けた」
While Hamlet kills the king and **at last** dies, ...
「ハムレットは王を殺し，**やっと**死んでいくのだが，……」

となってしまうのである．これでは，「そんなに負けたかったのですか」「そんなに死んでほしかったのですか」と驚かれてしまってもおかしくない．

「結局」「最終的に」と表現するには，

In the end, the score was unchanged, and we lost 2 − 0.
While Hamlet kills the king and **ultimately** dies, ...

のように，at last (= finally) を用いず，別の言葉を使って書けばいい．

8 副詞の「立ち位置」

やっと,ここまで

　at last といえば,ブルースとジャズの世界において伝説的な存在となっている女性歌手のエタ・ジェイムズ(Etta James)のデビュー・アルバムが *At Last!*(やっと!)というタイトルだったことを思い出す.エタ・ジェイムズは,1955年からヒット・シングルを出していたのに,**やっと**アルバムを作らせてもらえたのは 6 年後の 1961 年であった.ふつうなら,アルバム名としては,「やっと!」という気持ちをそんなに率直に示さないものだが,たまたま彼女がすでに出していた,感嘆符「!」無しの "At Last" というヒット・シングルが表題曲として使えたので,ちょうど巧いネーミングになった.

　こうした At last の代わりに Finally を使ってもいい.感嘆表現として使われる "At last!" を "Finally!" と言い換えても意味が変わらないのである.

9 接続詞，力くらべ
——「〜ので」「〜から」「〜て」

　この章も問題から始めてみよう．

　友人に「一緒に昼めしはどう？」と誘われた浩史くんは，「いいよ」と答えようとして，財布を家に忘れてきたことにはっと気づいた．そこで友人に謝りつつ，「僕，今日，財布を忘れて310円しか持ってないんだ」と訴えたいとする．さて，

　　I forgot my wallet today.（今日財布を忘れた）
　　I have only 310 yen.（310円しか持っていない）

という2つの文を**接続詞**でつなげて，「僕，今日，財布を忘れて310円しか持ってないんだ」の内容が英語で伝わるようにするには，以下の接続詞のどれを使えばよいだろうか？

　① because　　② and　　　③ since
　④ as　　　　　⑤ so　　　　⑥ for

　この6つの語は，文脈によって，どれも「原因や理由を表すことのある接続詞」である．「財布を忘れたこ

と」は,「310円しか持っていないこと」の「原因」なので,この接続詞のどれを使ってつなげてもよさそうに見えるかもしれない.だが,6つの接続詞が示すそれぞれの「因果関係」の「質」,とりわけ,因果関係の「緊密度」はどれも同じというわけではないのだ.では,それぞれどう違うのだろう?

* * *

9 接続詞, 力くらべ

接続詞いろいろ

何ごとにつけ「論理的であること」, とりわけ「因果関係」を重視する英語には, 原因・理由を伝えるための表現がいろいろとある.「適材適所」で使いこなせるように, それぞれの特徴を考えてみよう. まずは肩慣らしに, **原因や理由を表す**ために用いられる英語の接続詞にはどんな「質」があるか, 確認していこう.

日本人の英語学習者に, 思いつく「原因や理由を表す接続詞」をあげてもらうとしたら, おそらく1番先に出てくるのは, because と since ではないだろうか.

> My mother was angry **because** I got home quite late.（私がかなり遅く帰ってきた**ので**, 母は怒っていた）

> **Since** it was raining, the picnic was cancelled.（雨が降っていた**ので**, ピクニックは中止になった）

どちらも間違いなく「原因や理由を表す接続詞」である.

その次に人気のある接続詞は, so だろう.

> I have not yet acquired citizenship, **so** I have no voting rights.（私は, まだ国籍を取得していない**ので**, 選挙権を持っていない）

さらにリストアップするとすれば, 受験勉強中の高校生なら,

> **As** I was tired, I decided to go to bed.（私は, 疲れ

ていた**ので**，寝ることにした）

や

She felt relieved, **for** the typhoon had passed.（台風が過ぎ去っていた**ので**，彼女はほっとした）

などの，as と for も付け加える可能性が十分にあるだろう．

忘れられた 1 つとは？

ここまで 5 つの例をあげたが，「原因や理由を表す接続詞」としてもう 1 つ，日本人に忘れられがちなものがある．実は，それこそが，本章の冒頭で取り上げた「僕，今日，財布を忘れて 310 円しか持ってないんだ」の「〜て」に相当する接続詞なのだ．

逆に日本語について，「原因や理由を表すために用いられる助詞」にはどんなものがあるかと訊かれたら，まず「〜から…」と「〜ので…」は当然最初に出てくるだろうと想像する．だが，英語圏の人間が日本語を勉強するときに，もう 1 つ必ず教わる助詞がある．それが「〜て」なのだ．「最終電車に乗り遅れ**て**，歌いながら朝まで街をぶらぶら歩いた」というときの「〜て」である．

なぜだか私にはわからないが，これもまた「原因や理由を表す」助詞だと，すぐに思い浮かべる人は，日本人には意外に少ないようだ．しかし，国語辞典で紹介されている「て」という助詞の数多くの用法の中には，「原

因・理由を示す．……から，……ので．「押されて倒れる」「寒くて泣き出す」「いたずらがひどくて困る」のような用法もあり，「英語圏人」はこうした用法を教わるのである．

　そして，この「〜て」の役割に非常によく似ていると思われるのが，英語の and なのだ．そのため，英語の「原因や理由を表す接続詞」に何があるか？と訊かれたら，私なら because，since，so，as，for に，and も付け加える．

　英語の「原因や理由を表す接続詞」の1つとして，and を思い付かない日本人はかなり多いだろうと思うが，こうした and に関しては，どの英和辞典でも，「(結果の意を含んで)それで」というような定義も紹介されている．そして，例として，たいてい

　　He slipped in the bath **and** fell down.（彼は風呂場で滑って転んだ）

のような英文もあげられている．

　この文に見られる and の用法の重要さの割には，なぜか日本の英語教育では，その存在感がずいぶん薄いようである．

因果関係の「緊密さ」に注目
　では，次に，本章冒頭であげた6つの接続詞がそれぞれどういう場合に使われるのか，もう少し見てみるこ

とにしよう．ポイントになるのは，それぞれの語が表現する**因果関係**の「**緊密度**」である．

たとえば，先ほどあげた「最終電車に乗り遅れて，歌いながら朝まで街をぶらぶら歩いた」といった程度の，比較的ゆるい因果関係であれば，

> I missed the last train **and** strolled around the town till morning, singing all the while.

のように and が示す因果関係の「ゆるさ」がちょうどいい．

しかし，たとえば「皆そろっているようです**ので**，始めてもいいと思います」や「練習しない**から**上達しないんだよ」のような文となると，前述の「乗り遅れて，歌いながら……歩いた」の話よりも，はっきりした因果関係が示されているので，

> **Since** everyone seems to be here, I think we can get started.

や

> You don't improve **because** you don't practice!

のように，「ゆるい and」よりも，比較的緊密な因果関係を示す since や because を用いるほうがしっくりくる．

フォーマルな場面では

いっぽう，as と for が表す因果関係の「緊密度」は，いずれも since, because とまったく同じと言ってもい

いが，語感がだいぶ違う．

具体的に言うと，since と because の場合とは違って，as と for は書き言葉的な感じが非常に強いのである．そのため，日常会話や柔らかい文章には合わないが，改まった文章によく使われ，演説などでも極めてフォーマルな物言いとして頻出する．

たとえば，製品説明書の断り書きとして「芳香剤(アロマオイルなど)は加湿器の故障の原因となりかねません**ので**，ご使用はご遠慮くださるようお願い致します」などと書かれている場合だ．こうした硬い文章は，as を使って

> **As** such fragrance-agents as aroma oils may result in humidifier malfunction, we ask that you refrain from their use.

とするのがふさわしい．あるいは，きわめて文学的な表現として，「彼女は初子である男の子を産み，これを布の帯でくるんで，飼い葉おけの中に横たえた．宿には彼らの泊まる部屋がなかった**からである**」のように書かれている場合は，**for** を使って

> She brought forth her first-born son, wrapped him in swaddling clothes, and laid him in a manger, **for** there was no room for them in the inn.

とするのがぴったりである．

so にはご用心

さて,もう1つ,so についてはどうだろうか.実は,接続詞の so については,誤った使われ方をしている例がとても多いのだ.

何となく日本語の「それで……」といった雰囲気と重なるのか,日本人の書いた英文を見ると,so が,「成り行き」を表すかのように使われている例が非常に多いように思われる.だが,接続詞の so は,そうしたふわっとした**ゆるいつながりを表すものではない**.日本人の書いた英語の中では,so が表す「因果関係の緊密さ」についての誤解が目立つので,注意を要する.

改めて確認しておくと,so は,基本的に副詞の therefore と同じように,**当然の結果**を示すために用いられる言葉なのであり,since や because よりも**さらに緊密な因果関係**を表現する接続詞なのである.そのため上述の「私は,まだ国籍を取得していない**ので**,選挙権を持っていない」のような,「必然的な結果」,または「当然な結果」を表している場合には

> I have not yet acquired citizenship, **so** I have no voting rights.

のように,so を使うのがふつうなのである.

「宝くじ」と「1万円」

それでは,「適材適所」の感覚を身につけることをめ

9 接続詞，力くらべ

ざして，使い分けの具体的な例を考えてみよう．

たとえば，「なんでそんな嬉しそうな顔をしているの？」と訊かれた人の答えとして，日本語としては次のどれがふさわしいと感じられるだろうか．

⑦「宝くじを買って 1 万円当たったんだ」
④「宝くじを買った**ので** 1 万円当たったんだ」
⑨「宝くじを買った**から** 1 万円当たったんだ」

おそらく答えは⑦ではないかと思うが，どうだろう．

上の⑦〜⑨は，強いて言えば英語では，それぞれ次のようになる．

⑦ I bought a lottery ticket **and** won 10,000 yen!
④ **Because** I bought a lottery ticket, I won 10,000 yen!
⑨ I bought a lottery ticket, **so** I won 10,000 yen!

下へ行くほど，因果関係の結びつきが緊密になる．少なくともこういう場合，英語では，④や⑨のように答えることは，ふつう考えられない．「宝くじを買った」ことと，「1 万円当たった」こととの論理的関係を示すのに，because や so だと，示されている**因果関係が強すぎる**ように感じられるからである．

日本語でも，この場合は「〜ので…」や「〜から…」ではなく，「〜て…」で十分なのではないだろうか．そしてこういうときにこそ，「ゆるいつなぎ目」を示す and がぴったりくる．

さて，正解は

ここで，冒頭の問題にもどってみよう．ここまで読んでこられた読者なら，すでにおわかりだろうが，正解は② and である．

まず，たとえ「緊密度」の問題がなくても，④ as と ⑥ for は，先ほど述べたように極めてフォーマルな印象のある語なので，この場合にはふさわしくない．残りは 4 つ，① because, ② and, ③ since, ⑤ so である．設問の文を少しアレンジして，「ごめんね，僕，今日，財布を忘れて 310 円しか持ってないんだ」という日本語に対する，4 つの英訳を考えてみよう．合わせて，それぞれの英文が与える「印象」を示しておく．

① I'm sorry. **Because** I forgot my wallet today, I have only 310 yen.（不自然）
② I'm sorry. I forgot my wallet today **and** have only 310 yen.（完璧）
③ I'm sorry. **Since** I forgot my wallet today, I have only 310 yen.（不自然）
⑤ I'm sorry. I forgot my wallet today, **so** I have only 310 yen.（非論理的）

偶然か，必然か

1 つずつ，「印象」の理由を確認していこう．まず，①の because が不自然に感じられるのは，この場合，示

されている因果関係が**強すぎる**からである．もし，たとえば「圏外だった**ので**，携帯は使えなかった」と言いたい場合ならば，

Because I was out of service-range, my cellphone was useless.

のように because を使っても差し支えない．「圏外にいた」ことと，「携帯が使えなかった」ことの間には，**たまたまではない，強い因果関係**があるからだ．こういう場合には because はふさわしい．

しかし，「財布を忘れた」ということと「310円」という金額には，**そこまで緊密な因果関係**がない．財布を忘れたことによって持っている金額が，この場合，400円や510円ではなく，310円ジャストだったのは，ただ単にたまたまのことに過ぎないのである．そのため，because は不自然に感じられるのである．

③の since が不自然に感じられるのもまた，because と同じ理由である．しかし，ここで注意しておきたいことが1つある．この例文の場合には問題にならないが，実は since と because の間にも微妙な使い分けがある．

簡単に言えば，

because：原因や理由を，新たな情報として持ち出すときに使う

since：聞き手[読み手]がもうすでにわかっているだろうと思われる前提として，原因や理由を持ち出

すときに使う

という使い分けだ．たとえば，「僕は酒を飲んだから，運転してはいけない」と伝えたいとする．このとき，もし「酒を飲んだ」ということがすでに相手にわかっているだろうと思われる場合であれば，

　　Since I've been drinking, I shouldn't drive.

と言うが，わかっていないだろうと思われる場合には，

　　Because I've been drinking, I shouldn't drive.

と言う．因果関係の結びつきの度合いに加えて，こうした使い分けもあるので，覚えておくといい．

　最後に，⑤のような使われ方をした so は，不自然というよりも非論理的に感じられる．先ほど述べたように，so は，ただ単に「成り行き」ではなく，当然の結果を示すものであり，because や since よりも**さらに強い因果関係**を感じさせる語である．そのため，この文で so を使うことは，たとえば，副詞の therefore や accordingly を使って

　　I'm sorry. I forgot my wallet today. **Therefore** [**Accordingly**], I have only 310 yen.

とするのと等しい．これでは，「私は財布を忘れた．**だから当然**，持っている金額が 310 円だけだ」という意味をはっきりと表していることになってしまうのである．

「出身地が佐賀で」

so の誤った使い方のなかで，とりわけ多いのは，and の出番なのに so でつなげようとするパターンである．

たとえば，私が担当している大学の授業で，学生が「私はパリ・コレクションが好きであり，将来は，ファッションデザイナーになりたい」のつもりで

> I like the Paris Collection, **so** in the future I want to be a fashion designer.

と書いたことがある．もうおわかりかと思うが，これでは「私はパリ・コレクションが好き**だから，したがって当然**，将来はファッションデザイナーになりたい」ということになってしまう．あるいは「私は出身地が佐賀であり，今，東京で１人暮らしをしている」のつもりで

> I'm from Saga, **so** now I live alone in Tokyo.

と書かれた文に出会ったこともある．これもまた「私は出身地が佐賀**だから，したがって当然**，今，東京で１人暮らしをしている」ということになる．しかし，どちらも「当然」というほどの強い因果関係ではない．この場合は，いずれも適切な接続詞は and であり，

> I like the Paris Collection, **and** in the future I want to be a fashion designer.

そして，

> I'm from Saga, **and** I live alone in Tokyo.

と訂正すればいい．

念のために言っておくと，この so と and の問題は「文体」ではなく「論理的関係」の問題なので，上のような日常的な文に限らず，フォーマルな文の場合も同じことが言える．

　たとえば，「2009 年 5 月には，鉄砲水が発生して，3 つのダムが決壊した」のつもりで書かれた

　　In May of 2009, there was a flash flood, **so** three dams burst.

のような so の使い方によく出会う．しかし「鉄砲水が発生」したからといって，当然のごとく「3 つのダムが決壊」したというわけではない．これもまた，

　　In May of 2009, there was a flash flood, **and** three dams burst.

と and を使えばいい．

お互いさまの問題

　ここまで，原因や理由を表す接続詞の使い分けについていろいろと見てきたが，こうした使い分けの難しさは，日英「お互いさま」である．日本人がふつうに持っている「～て…」「～から…」「～ので…」の使い分けに対する感覚は，英語を母語とする日本語学習者にとっていささか難しく，すぐには身につかない．初歩の段階では「暑いので，気をつけてください」という場合に「暑くて，気をつけてください」と言ったり，「頼むから，や

ってくれ」という場合に「頼むので，やってくれ」と言ったりするのである．

しかし，お互いさまだから気にしない，というわけには残念ながらいかないので，ここはお互いに，日本語・英語の論理を少しずつでも身につけていくしかないのであろう．

because と否定文

なお，少し余談になるが，否定文で because を用いるときには，多少注意が必要なので，ここで合わせて確認しておくことにしよう．たとえば

I was happy **because** she gave me a harmonica.（彼女が僕にハーモニカをくれた**ので**，嬉しかった）

というセンテンスを否定文に変えよと言われたら，どうだろうか．ふつうに考えれば，

I was **not** happy **because** she gave me a harmonica.

となるが，この英文の意味は 2 通りに受けとめられる．

ⓐ 彼女が僕にくれたものがハーモニカだった**ので**，嬉しく**なかった**．

ⓑ 彼女がハーモニカをくれた**からという理由で嬉しかったわけではない**．

つまり，not が付け加えられたことによって，ⓐの場合は happy が否定されたという解釈，ⓑの場合は because 節全体が否定されたという，2 通りの解釈である．これ

は，どちらも文法的にはありえる受けとめ方であり，英文自体も間違ってはいない．

　曖昧さを回避するための1つの方法は，前後の文脈をつけて内容をはっきりさせることである．直後に

> I had wanted a recorder, **not a harmonica**. （僕がほしかったのは，**ハーモニカではなくて**，リコーダーだったのだ）

などのような内容の文があれば，先ほどの否定文の意味はⓐに決まっているし，逆に，

> I was happy **because she remembered my birthday**. （嬉しかったのは**僕の誕生日を覚えていてくれたからだ**）

などのような内容の続きがあれば，ⓑに決まっている．こうした曖昧さを無くしてくれる文脈があるに越したことはないので，英文を書くときにはこうした点にも注意することが望ましい．

もっとも簡単な解決法

　実はもう1つ，とても簡単な解決法がある．理屈がはっきりわかるように，科学論文での例を見てみよう．

　いくつもの「関連研究」がリストアップされ，それぞれについてコメントが1つずつ述べられている段落で，こんな文に出会った覚えがある．

> Watanabe et al. did **not** fail to achieve their objec-

tive **because** they employed a Bayesian approach. [14]

文の最後についた[14]という番号は，文献[14]を参照せよ，という注番号である．ところがこの英文では，実際に文献[14]を探し出して読まない限り，伝えたい意味が

 ⓒ ワタナベらは，ベイジアン法を利用した**から**，目標を達成**した**（＝**失敗することなく**達成した）

なのか，それとも

 ⓓ ワタナベらが目標の**達成に失敗**したのは，ベイジアン法を利用した**からというわけではなかった**．

なのか，わからない．

そこで先ほどの「簡単な解決法」の出番である．もしⓒの意味が伝えたい場合なら，

Watanabe et al. did **not** fail to achieve their objective, **because** they employed a Bayesian approach.

のように，becauseの前にコンマを付ければ問題がなくなるのだ．通常 because 節が文末に置かれる場合にはコンマが付かないのだが，こうしたケース，つまり，そのままだと曖昧な表現になってしまうケースだけ，コンマで切るのが許されるのである．逆にⓓの意味が伝えたい場合なら，

Watanabe et al. failed to achieve their objective, **but that was not because** they employed a Bayesian approach.

のようにもともとの複文を，伝えたい意味がはっきり通じる重文に書き換えればいい．

　先ほどのハーモニカの例でもまったく同じく，

　ⓐ 彼女が僕にくれたものがハーモニカだった**ので，嬉しくなかった**．

の場合には

　I was not happy**,** because she gave me a harmonica.

と，また

　ⓑ 彼女がハーモニカをくれた**からという理由で嬉しかったわけではない**．

の場合には

　I was happy, **but that was not** because she gave me a harmonica.

とすればよいのである．

10 成り行きはNG
——「そこで」「結果として」

　日本語には「そこで……」という便利な接続詞がある．「彼は山形の出身である．**そこで**，お薦めの観光スポットを訊いてみた」などというときの「そこで」だ．日常的に使われる言葉だが，これを英語でどう言うか，誤解している日本人が多いように思われる．

　たとえば，ある科学論文で出会った例をもとに，次のような問題を考えてみよう．書き手の伝えたかった内容は，「最初の実験の結果は曖昧なものだった．**そこで**，我々は電源電圧を上げてみることにした」ということだった．「そこで」の前後は，英語で次のようになる．

　The results of the first experiment were ambiguous.
　（最初の実験の結果は曖昧なものだった）
　We decided to try raising the power-supply voltage.
　（我々は電源電圧を上げてみることにした）

　さて，この2つの文の間に「つなぎ」となる語を補って，著者が意図した内容を表現する英文にするには，何を入れればよいだろうか？

前章でも見たように，英語は「因果関係」を示す表現にこだわる言語なので，文と文のつなぎ目，文章全体の論理のつなぎ目などには注意が必要である．本章ではいくつか，日本人の誤解しやすい例をとりあげてみよう．

　　　　　　＊　　＊　　＊

「添削」に挑戦

本章では少し趣向を変えて,読者の皆さんにも,英文の「添削」に挑戦してもらうことにしよう.まずは次の英文を見ていただきたい.

> I like the stone stairway at Kuon-ji temple. Climbing it is so hard for many people.

これは実際に大学生が書いた英作文にあったものである.無理に訳せば「私は久遠寺の石段が好きです.上るのが多くの人にとってあまりにも辛いのです」となるが,実のところ,「英語圏人」にとって,この英文で学生が伝えようとしたことを把握するには,大変な想像力が必要となるのである.

自然な英文にするために,直さなければならないポイントは2つある.それは何だろうか? 読み進める前に,少し考えてみてほしい.

「とても」にご注意

まず1つめ.これは日本人の英文では本当に多い間違いなのだが,単純に very(=とても)を使えばいいところで,

> Climbing it is **so** hard for many people.

と,「程度を表す副詞の so」を使ってしまったことである.

「程度を表す副詞の so」は，"so 〜 that ..."＝「…するほど〜である」という使い方が基本である．たとえば，

> It was **so** cold **that** thirty climbers suffered from frostbite.（あまりにも寒くて，30人もの登山者がしもやけで苦しんだ＝30人もの登山者がしもやけで苦しんだ**ほど**，寒かった）

などが典型になる．

ところが，「副詞の so は「とても」という意味だ」というイメージが強いせいか，単純に very と同じ意味の言葉として使ってしまうケースが実に多い．

私は，毎学期の1回目の授業で「程度を表す副詞の so は文脈を問わずに very の代わりになる言葉**ではない**」という点を必ず強調して注意する．ところが，日本の中学・高校で(少なくともこれまで)用いられてきた英語教科書が，so はまるでいつでも very の代わりになるかのような印象を与えてしまっているのが問題なのか，私の注意をずっと期末まで無視する学生が少なくない．いくら私が直しても，次に書く作文では，また very のつもりで so を使ったりする学生さえいる．

日本人の書いた英文で，たとえば，「私の家はつつじヶ丘駅にとても近い」のつもりで書かれた

> My house is **so** near Tsutsujigaoka Station.

のような例に出会うと，英語圏の添削者はたいてい機械的に so を very に書き直すのである．

that 節のない特別な例

念のために確認しておくと，so 〜 that ...（=…するほど〜である）の構文でも，確かに that 節を用いない言い方はある．たとえば，

 She is **so** lovely!（彼女は，なんて可愛らしい！）

などだが，これはあくまでも感嘆符と共に表される，「彼女の可愛らしさは，それ以上は言葉が出てこない**ほどだ**」といった感じの詠嘆表現である．

また，感嘆符無しの言い方，たとえば，昼食に誘われた人が

 I'm sorry, but I'm **so** busy today.（せっかくですが，今日はあまりにも忙しくて）

のように答える言い方もあるが，これもまた，あくまでも，

 I'm sorry, but I'm **so** busy today **that** I can't join you.（せっかくですが，今日，私はあまりにも忙しくてご一緒できません（=ご一緒できない**ほど**忙しい））

というような文から that 節が省略されたものである．つまり，「ごめんね．今日は忙しくて」という日本語の「不完全」な文と同じで，たとえ省略されていたとしても，**that** I can't join you（ご一緒できない**ほど**）という気持ちが含まれているのが相手にちゃんと伝わるケースだからこそ，省略が許されているのだ．

なお，決まり切った言い方では，very を強調するために so を使う用法，たとえば，

> Thank you **so very** much for all your help. （いろいろお手伝いいただき，誠にありがとうございました）

という用法もあるが，これはあくまでも独特な慣用表現である．

くれぐれも，so = very という誤った「ひとつ覚え」は繰り返さないよう，注意してほしい．

意地悪な「理由」？

さて，so の話が長くなったが，添削に戻ろう．so の誤りを直して，

> I like the stone stairway at Kuon-ji temple. Climbing it is **very** hard for many people.

としてもまだ残っている，もう 1 つの直すべきポイントはどこだろう？

実は，「英語圏人」の添削者にとって最大の問題は，「久遠寺の石段が好き」ということと「上るのが多くの人にとってとても辛い」ということが，書き手の頭の中で，論理的にどのようにつながっているのかがわからない，ということなのである．

想像力を駆使してその「論理」を考えると，「上るのが多くの人にとって**とても辛いがゆえに**」その石段が気

に入っているのだ，という意味なのかもしれないと思えないこともないのだが，まあここは素直に受けとめたほうがいい，と考え直す．そこで，私は2文を1文にまとめて，

> I like the stone stairway at Kuon-ji temple, **but**, for many people, climbing it is **very** hard.（私は久遠寺の石段が好きですが，多くの人にとっては上るのがとても辛いのです）

のように直した．

　つまり，学生の書いた英文では，最初の文と後の文が，「けれども」「しかし」といった言葉でつながれる「逆接」の関係であるにもかかわらず，そのことを示す接続詞（ここではbut）がなかった．そのため，2つの文をつなぐ理屈の流れが，読み手にとってわかりにくくなってしまっていたのである．

　日本人の書いた英文では，文と文のつなぎ目や，論理のつなぎ目など，英語ならば「論理的関係」がはっきり示されているべきところが，「何となく」流れてしまっているために，「英語圏人」の読み手には何を伝えようとしているのかがまったく把握できない文章によく出会う．そういう文章に出会うと，書き手の意図を確認しないかぎり，「英語圏人」の添削者にしても，自分の一存で直すことができないのである．少なくとも英語で何かを表現する場合は，常に「論理的関係」に気を配る習慣

を身につけるようお勧めする.

謎の "Then, ..."

次に,本章冒頭の問題にもどってみよう.2つの文をつないでいる日本語の「そこで」をどう英語にするか? ここにもまた,日本人が誤解しやすい問題がある.「そこで」の前後の英文をもう一度示せば,

The results of the first experiment were ambiguous.
(最初の実験の結果は曖昧なものだった)
We decided to try raising the power-supply voltage.
(我々は電源電圧を上げてみることにした)

実は,もともとの科学論文では,この2つの英文は下記のように書かれていた.

The results of the first experiment were ambiguous.
Then, we decided to try raising the power-supply voltage.

「問題」に対する答えとして,このように,"Then, ..." を使って文をつないだ読者もおられたのではないだろうか.

ところが,この "Then, ..." は,英語圏の人間にとってはまったく意味不明なのである.特に,もし添削者が日本語の「そこで,……」という言葉がどう使われるかを知らない人だった場合には,文意を知るために「この "Then, ..." はまったく意味がわかりません.これは何

を伝えようとしているのでしょうか？」と書き手に訊いてみるしかないのである．

then の 3 つの用法

まずは，then の使い方を確認してみる．英語の数多くの重要な副詞の中でも，then は特に頻繁に用いられるものであるが，その最も基本的な役割は次の 3 つだ．

(1)「その時」の意味を表す．

I was living in Matsumoto **then**.（**その時**，私は松本に住んでいた）

(2)「次に」の意味を表す．

First she had white wine, and **then** she ordered a red.（彼女は最初に白ワインを飲み，**次に**赤を注文した）

(3)「それなら，だったら」の意味を表す．

Ayaka：But I don't want to lie to my mother.
Mark：**Then** you've no choice but to tell her the truth.
（彩香：でも，母には嘘をつきたくないの．
マーク：**だったら**，本当のことを話すしかないじゃないか）

私がこれまで添削してきた大学生の英作文のなかでは，(1)と(2)の用法で正しく使われている then に出会うことは多かったが，(3)の用法で正確に使われている then は，

なぜか見かけた覚えがない.

　その代わりというわけではないだろうが，よくあるのが，"Then, ..." という意味不明の形(**文頭**に置かれた Then に**コンマが付いている**形)である．日本語の「そこで，……」に見られる「，」の感覚でコンマを付けているだけなのだろうが，英語にはそうした形で文頭に Then をおく用法はないのである．それなのに「文頭のコンマ付き」の形の "Then, ..." が，漠然と「そのために，……」や「それで，……」「そういうわけで，……」の意味を表すつもりで書かれているケースが実に多いようである．

「そこで，……」を表す英語は？

　先ほどの

> The results of the first experiment were ambiguous. **Then,** we decided to try raising the power-supply voltage.

という英文を見たときに，添削者が想像する書き手の意図の可能性は，まず(1)の「その時」のつもりで then を使っているのかもしれない，ということである．つまり，最初の文が伝えている

> The results of the first experiment were ambiguous.
> （最初の実験の結果は曖昧だった）

という事柄が「〈起こった〉その時」に，2つめの事柄も

「起こった」，ということだ．もし，そのつもりなら，2文を1文にまとめて，

> **When** we realized that the results of the experiment were ambiguous, we decided to try raising the power-supply voltage.（実験の結果が曖昧であることがわかった**時に**，我々は電源電圧を上げてみることにした）

と書くことができる．

　しかし，冒頭で述べたように，書き手の意図は，「**そこで，……**」であった．こうした漠然とした関係性を表現しつつ，「実験の結果が曖昧であることがわかった」ということと，「我々は電源電圧を上げてみる」ということを論理的につなぐためには，英語としては，

> The results of the first experiment were ambiguous, **and** we decided to try raising the power-supply voltage.

のようにandという接続詞を使えば十分である．つまり，冒頭の「問題」の正解は，andということになる．

　付け加えれば，これは前章で見た，「〜て…」のandと同じものである．英和辞典では，こうしたandは「（結果の意を含んで）それで」のように定義されることが多く，

> There were too many guests, **and** eventually the wine was gone.（客が多すぎて，結局ワインがなく

なった)

というような用例がよく示される．

「結果として」

「そこで」のつもりの"Then, ..."と同じく，誤った「ひとつ覚え」のもとに文の冒頭でよく使われる表現が，実は，もう1つある．それは，"As a result, ..."である．この表現がよほど記憶に残っているのか，反射的に用いたとしか思えない英文を見かけることが多い．

たとえば，ある学生が，「祖父はよく釣りに行き，以前は私も一緒に連れて行ってくれたものだ．その結果，私は釣りが好きだ」のつもりで，

> My grandfather often goes fishing, and he used to take me out with him. **As a result,** I like fishing.

と書いたことがある．これは，その学生の観点からはいかにも「ロジカル」な表現だったのだろう．しかし，これはロジカルどころか，首をかしげざるをえない英文なのである．

学生のみならず，日本の科学者や工学研究者は特に，「結果」という単語が含まれる和文の英語版を作るときに，条件反射的にresultを使う傾向が強い．確かに，日本語の「結果」という名詞の意味は，基本的に英語の名詞のresult(s)の意味とほとんど変わらないので，**a** result か **the** result か result**s** か **the** result**s** かという「冠詞

と数」の用法さえ正確であれば，result という語彙選択自体には，多くの場合に問題はない．

　ところが，たとえば「交渉の**結果**，和解を取り付けた」や「**結果として**，早期退職を考えている教員が増えてきたようである」などのように，日本語の「結果」という言葉は，接続詞的・副詞的に使われることもある．そういう場合に，それが必ずしも result を使って「英語に置き換える」ことができるとは限らないのである．とりわけ，文頭の As a result, ...を使うと，同じ意味が表現できないケースが多い．

どんな意味になるか？

　1つ例を考えてみよう．「次に，エンジンを小さくした．**その結果**，燃料消費率は 19.5 km/l になった」のつもりで，

　　Next, we reduced the size of the engine. **As a result,** fuel consumption became 19.5 km/l.

と書いた場合，この英文は，残念ながら次のような意味になってしまう．「次に，エンジンを小さくした．**それゆえ（順当なことに，当然の結果として）**燃費は 19.5 km/l になった」．

　これは書き手の意図とは異なっている．というのも，これでは「エンジンを小さくしたことの当然の結果として，燃費は 18 km/l でも 20.5 km/l でもなく，他ならぬ

19.5 km/l になった」という「**強い因果関係**」を表してしまうからである．

　ここで思い出してほしいのが，前章の「接続詞，力くらべ」で使った例文である．「財布を忘れて，310円しか持っていない」というときに，たとえば because のような「強い因果関係」を表す接続詞を用いると不自然だと述べた．持っていたお金が 400 円や 510 円ではなく，310 円ジャストだったのはたまたまであって，「財布を忘れた」ということと「310 円」という金額には，そこまで「強い因果関係」がないからである．上の例文でも同様に，エンジンを小さくした結果，19.5 km/l という具体的な値になったのは，ある種の「たまたま」であった．ところが，"As a result, ..."と書くと，まるで「エンジンを小さくすれば，我々の狙っている 19.5 km/l ジャストになるはずだ」と思って，そして，「そうしてみると，やはり，**当然のことながら**，燃費は 19.5 km/l になった」といったような意味になってしまうのである．こんなときは，

　　Next, we reduced the size of the engine. **The resulting** fuel consumption was 19.5 km/l.

と書き直せば，問題がなくなる．

「従って」「順当なことに」

　この文の書き手はおそらく，深く考えてこの表現を選

んだわけではなく,「結果」といえば result を思いつき → result を含んで文頭にくる表現としては "As a result" が記憶にあり → 日本語の「結果として,……」に何となく通じる表現に見えるので → そのまま使った,というだけのことだろう.

ところが,文頭にくる英語の "As a result, ..." は,たとえば,

> A violent-wind warning has been issued. **As a result,** today's Junior Yachting Championship has been cancelled. (暴風注意報が発令されています.**従って,** 本日のヨットジュニア選手権は中止です)

のように,「前に述べた事柄の**順当な結果として**後の事柄が生じることを示す」役割を果たす.つまり,「従って」「それゆえに」「順当なことに」というのがふさわしい言い方なのである.前に述べた事柄から考えれば,「**当然こうなる**」あるいは「**必然の結果**」というような場合にしか,"As a result, ..." は使わないのだ.

そのことを意識すれば,「祖父はよく釣りに行き,以前は私を連れて行ってくれたものだ.**その結果,**私は釣りが好きだ」のつもりで,

> My grandfather often goes fishing, and he used to take me out with him. **As a result,** I like fishing.

と書くのはいただけないことがわかるだろう.以前,祖父に釣りに連れて行かれたことがあるからといって,

「**当然**私は今釣りが好きだ」という論理はどこにもないからである.

> My grandfather often goes fishing, and he used to take me out with him. **The result of those experiences was that** I came to like fishing.

のような言い方に変えれば問題はなくなるのだが, もっと簡単な書き方では,

> My grandfather often goes fishing and used to take me out with him, **and** I came to like fishing.

のように, and を使って 1 文にまとめる方法もある.

日本語の文頭で用いられる「結果(として), ……」は, どちらかといえば, 「自然な成り行きの結果」こうなった, という「成り行き感覚」に近いものではないだろうか. 少なくとも, 英語の "As a result, ..." は, それとはまったく違って, 「論理的関係」を表すものなのである.

11 脱・カタコト英語
——「大人の」英語表現

　大学生の英作文を指導していると，本人は頭がいいのに，書いた文章が極めて「子どもっぽい」というミスマッチにびっくりすることが多い．たとえば，以下のような例が典型だ．

> I live in Nishitokyo City. I like this place. Because there are many different shops. And it is a very convenient place.

どこが「子どもっぽい」と感じさせるのか，おわかりだろうか？

　日本語のヴァージョンから考えればわかりやすいかもしれない．上の英文は，たとえば，「私は西東京市に住んでいます．買い物するところがいろいろあって，暮らすのにとても便利な街なので，気に入っています」と言おうとしているのに，「私は西東京市に住んでいます．この場所が好きです．いろいろな店がありますから．そして，とても便利な場所です」という感じなのである．「子どもっぽい」雰囲気が伝わるだろう．

外国語で文章を書くときに「文体」の問題まで考えることは確かにとても難しいが，少なくとも大人が使う表現にしたいなら，「やってはいけないこと」や「気をつけたほうがいいこと」を覚えておいて損はない．「子どもっぽい英語」と思われない，大人にふさわしい英文を書くためのポイントは何だろうか？　本章以下，いくつかのヒントを提示していくことにしたい．

*　　*　　*

「オーラル・コミュニケーション」の弊害？

　一概には言えないが，私が一昔前の授業で出会った学生に比べると，現在の大学生のほうが，聞き取りと発音については幾分かよく出来るようだ．ところが，その代わりと言うべきか，英文の「読み書き」が明らかに出来なくなってきている．この現象が，現在の学校英語において，簡単な会話の習得に力点が置かれてきているせいなのかどうかは定かではないが，大学2年生の英作文の出来から判断すれば，原因はそこにあるのでは，と疑ってしまう．

　とりわけそう感じるのは，たとえば，センテンスが「不完全」であったり，「ぶつ切り」のままの英文に出会ったときである．以下のような例が典型になる．

> My favorite sport is soccer. Because I have played soccer since elementary school. But I am not good at soccer.

この文をそのまま日本語にすれば，「私の一番好きなスポーツはサッカーです．小学校の時からサッカーをやってきていますから．しかし，私はサッカーが上手ではありません」となるだろう．さて，この英文のどこが「不完全」か，おわかりだろうか？

　ちなみに，「不完全」とは別の問題だが，「サッカーが好きだ」ということと「サッカーをずっとやっている」

ということを because でつなげるのなら，因果関係をつねに意識する英語の感覚からすると，逆の順にしたほうがふつうだと思われる．つまり，どんな「すること」に関しても，「ずっとやっているから，好きだ」という論理よりも，「好きだから，ずっとやっている」という論理のほうが自然に感じられるのだ．この 20 年間，食事の後には毎度皿洗いをしているからといって，「皿洗いが一番好きな仕事だ」とは限らないではないか？ むしろ，もし万一「皿洗いが一番好きな仕事だ」という人間が現にこの世にいるとすれば，「私の一番好きな仕事は皿洗いな**ので**，この 20 年間，食事の後には毎度皿洗いをしている」の順がふつうだろう．しかし，ここではそうした「内容の問題」は無視して，先に進むことにしよう．

because 問題

まず，ここでの最大の問題は，

Because I have played soccer since elementary school.

という「センテンス」である．基本的な英文法を思い出していただきたいのだが，because で始まる節は「従属節」なのであって，「主文」と一緒になってこそ完全なセンテンスになる．たとえば，

My favorite sport is soccer **because** I have played it

since elementary school.（小学校の時からやっているので，私の一番好きなスポーツはサッカーです）であれば，内容はともかく，主文があるので，少なくとも「不完全な文」ではない．

　この問題を私は繰り返し指摘しているのだが，それにもかかわらず，大学生の英作文では，because 節を主文無しで用いる例にしょっちゅう出会う．何度注意しても同じ書き方をしてくる学生も少なくない．このような英文を読むと，たとえば，

　Miki：What kind of food do you like?
　Kevin：I like sushi.
　Miki：Really? Why?
　Kevin：**Because** it tastes good.
　Miki：Oh, I see!
　ミキ：どんな食べ物が好きですか？
　ケヴィン：僕はすしが好きです．
　ミキ：本当ですか？ なぜですか？
　ケヴィン：美味しいです**から**．
　ミキ：おお，わかりました！

といったような内容の，学校英語のレッスンが原因かもしれない，と想像するのである．

　もちろん，日本語でも，口頭での会話ならば，「なんで買わなかったの？」と訊かれた人が「高すぎた**から**」と答えるように，センテンスが断片的になることはよく

ある．しかし，それはあくまで会話だからであって，少なくとも「書く」ときには「不完全」なセンテンスは避けて，「(私がそれを買わなかったのは)高すぎた**から****です**」とするのがふつうであろう．

「ぶつ切り」問題

177 頁の「サッカー」の英文がいかにも「子どもっぽく」見えるのには，もう 1 つ問題がある．それは，「1 文にまとめてもたいして長くならない話を，複数の短い文に切って書く」という文の「ぶつ切り」状態になってしまっていることだ．これまた日本人大学生の書いた英文には頻繁に見かける現象なのである．

少し丁寧に見てみることにしよう．「サッカー」の文例に含まれる要素は次の 3 つである．

My favorite sport is soccer.

(This is) because I have played soccer since elementary school.

But I am not good at soccer.

どの 1 文をとってもたいして複雑な内容ではないのだから，わざわざすべてを独立させて書く必要はない．それなのに「ぶつ切り」にされて，単独のセンテンスになっていると，とても「子どもっぽい文」という印象を与えてしまう．このような文は(少なくとも最近までの)学校英語の教科書に特徴的な表現でもあるので，学生にだ

け責任があるわけではないのだろうが，やはり幼稚すぎる．

日本語から考えてみる

では，どう直せばいいのだろうか？ 実は，なぜこのように「ぶつ切り」になってしまったのか，その理由を考えてみると，確かに教科書からの影響は大きいと思われるが，それ以外に，伝えたい内容の要素が「3つ」だ，という側面もあるだろう．

もし，「小学校の時からやっているので，一番好きなスポーツはサッカーです」と言いたいだけなら，先ほど見たように，上の2つの文をつなげて，

> My favorite sport is soccer because I have played it since elementary school.

と書けばいい，ということは，学生レベルでも思いつく人は多いだろう．あるいはまた，「私は小学校の時からサッカーをやっていますが，上手ではありません」と言いたいなら，but を使って，2文を

> I have played soccer since elementary school, **but** I am not good at it.

のように1文にまとめればよい．しかし，もともとの英文は要素が3つなので，どうつなげればよいのか迷った末に，すべて「ぶつ切り」で書いたという側面もあったのかもしれないのである．

ここでもう一度,「日本語」をよく吟味してみよう.
先ほど,もともとの英文を

「私の一番好きなスポーツはサッカーです.小学校の時からサッカーをやってきていますから.しかし,私はサッカーが上手ではありません」

という日本語にしたが,この書き手の言いたいことを,「大人の日本語」で表現してみるとどうなるだろうか.それはおそらく

「小学校の時からやってきているわりには上手くないのですが,やはりサッカーが一番好きなスポーツです」

ということではないだろうか.それならば,たとえば

Though I have played soccer since elementary school, I am not very good at it, **but**, even so, soccer is still my favorite sport.

と表現することができる.**Though** I have played soccer since elementary school が譲歩節として I am not very good at it を修飾し, I am not very good at it と soccer is still my favorite sport という2つの文が **but** でつながれているという構造である.この英文ならば,「子どもっぽい」と言われることはないはずである.

日本語を見ればわかるように内容は単純なことだし,英文で難しい単語は1つも使っていない.しかし,こうして1文として表現してあるかどうかで,読み手の

受ける印象はずいぶん変わってくるのだ．

「大人の日本語」を，「大人の英語」へ

本章冒頭にあげた英文についても，まったく同じことが言える．再度あげておこう．

> I live in Nishitokyo City. I like this place. Because there are many different shops. And it is a very convenient place.

これもまた，because 節が主文無しに使われ，さらにまたいして複雑な内容でもないのにどれも独立したセンテンスにされている．これでは「子どもっぽい」と言われてもしかたがない．

まず日本語で伝えたい内容を確認すると，「私は西東京市に住んでいます．買い物するところがいろいろあって，暮らすのにとても便利な街なので，気に入っています」となるだろう．この「大人の日本語」を「大人の英語」にするためには，たとえば，

> I live in Nishitokyo. It is a very convenient city in which to live, with a large variety of places to shop, and I like it.

のようにすればよい．このときに，たとえば「便利な街である」ことと「私はこの街が気に入っている」こととの間には，because でつなぐほどの強い因果関係はない（9章参照）ことに注意したり，関係代名詞を適切に用い

たり(後述)といったことに普段から「意識」を高めていれば，「子どもっぽい英語」を書いてしまう可能性は低くなるだろう．

「大人の文章」とは？

さて，「不完全なセンテンス」「文のぶつ切り」の例を最初に見たが，一般的に言って，「子どもっぽい英語」に見えない「大人の英文」を書くためには，何に気をつければよいだろうか？ いくつか思いあたるポイントをあげてみよう．

◆「大人の文章」を書くポイント ◆
(1) 大前提として，必ず辞書に載っている文例などを確認し，文法的誤りが少なくなるよう，気をつけること．
(2) 前述の例で見たように，不完全な「断片」をセンテンスとして用いたり，単純すぎる「ぶつ切り」の文を並べていないか，気をつけること．
(3) いくつかの「短い部分」をつなげて「まとまった文章」にするときに，「理屈の流れ」がきちんと通るよう考えること．
(4) 日本語によくある表現に引きずられた言い回しを，「ひとつ覚え」で使っていないか，気をつけること．
(5) 正確，かつ洗練された文章にするために，語彙の

選択や語順に注意すること．
これがすべてではないが，幾分か参考になることもあると思う．

「反面教師」の例

とはいえ，抽象的に言っても，なかなかピンと来ないだろうから，ここで「反面教師」となる例を2つあげてみよう．どちらも日本人の大学生が書いた英文で，上にあげたポイントに関して，さまざまな問題をはらんだものである．

〈文例 A〉

> Many people keep pets. So there are extremely many kinds of animals which are pets, I think. And dogs are so important. However, cats are more important than dogs. Because cats are the most popular. These days, the cats which live with people are more than 600 million.

これは，言うまでもなく，「大人の文章」の対極にある英文だ．もともとこの学生が考えた内容を推測するのも難しいのだが，そのまま日本語にしてみるなら，以下のような感じになるだろう．

> 「ペットを飼う人が多い．だから，ペットである動物の種類が極めて多いと思う．そして，犬はあまりにも大事である．しかし，犬よりも猫のほうが大事

である．猫は最も人気が高いから．今どき，人間とともに暮らしている猫は6億匹以上である」

もう1つ例をあげよう．

〈文例B〉

Famous wild animals live in some countries of the world. For example, lions, tigers, bears, and so on. And I like elephants. But I have never ridden on an elephant. So I want to ride on an elephant.

これもまた，無理に訳すとすれば，以下のようになるだろう．

「世界のいくつかの国には有名な野生動物が生息しています．たとえば，ライオンや虎，熊など．そして，私は象が好きです．しかし，私は象に乗ったことがありません．従って，私は象に乗りたいです」

次章へ，宿題

まさかここまでひどい英文は書かないよ，と言いたくなる読者もあるだろうが，もう少しお付き合い願いたい．「ここまでひどい」かどうかはともかく，この文には，日本人の英語によくある誤解や，「残念な表現」がいろいろ含まれていることは事実なのである．

では，どこが具体的に問題なのだろうか．読者の皆さんにはこれを「宿題」としてじっくり考えていただくことにして，次章で丁寧に見ていくことにしよう．

12 日本語に負けない
——「〜と思う」「〜など」

　英語の観点からすると,「これは日本語独特の使い方だな」と感じられる日本語表現がある.「〜と思う」や「〜など」がその典型である. しかし, それを英語に直訳してしまうと, 問題が生じる可能性が高い.

　たとえば, 公の場での講演の最初に,「本日は長期予報の可能性についてお話ししたい**と思います**」という言い方は, 日本語としてはふつうだが, もしこれをそのまま,

Today **I think** I would like to speak about the potential for long-range forecasting.

とすると,「英語圏人」の聴衆にけげんな顔をされてもしかたがない.

　あるいは, たとえば「調味料として, 私は, 塩や胡椒, オレガノ**など**を使いました」というような日本語もよく見るが, そのまま,

For seasoning, I used salt, pepper, oregano, **and so**

on.

とすると，読み手[聞き手]はかなりいらいらしてしまうだろう．

　どうしてそのような反応を引き起こしてしまうのだろうか？

　　　　　　　＊　　＊　　＊

こんな難点が

それではさっそく，前章末の「宿題」に答えることにしよう．〈文例 A, B〉について，「大人が書く文章」として見たときに，問題になる点はどこだろうか？ センテンスごとに番号をつけて，答えを示してみる．まずは〈文例 A〉から．

〈文例 A〉

① Many people keep pets. ② So there are extremely many kinds of animals which are pets, I think. ③ And dogs are so important. ④ However, cats are more important than dogs. ⑤ Because cats are the most popular. ⑥ These days, the cats which live with people are more than 600 million.

①「ペットを飼う人が多い」という，ごく当たり前の，言っても言わなくてもいいことから話が始まっている．

② 強い因果関係があるわけでもないのに，接続詞の so を使って文をつないでいる（9 章参照）．

② 関係代名詞の使い方がぎこちない．

② ここで I think（〜と思う）は，奇妙に感じられる．

③ 短い「ぶつ切り」の文を使っている．

③ very を使うべきところで，副詞の so を使っている（10 章参照）．

④ 「しかしながら」という意味のhoweverを,条件反射的に文頭に置いている.
⑤ because節(従属節)のみで,主文がない「不完全」な文である.
⑥ these daysという,ここでは英語としてふさわしくない表現を何となく文頭に付けている.
⑥ ここもまた,関係代名詞の使い方がぎこちない.

もう1つの例も

次に,〈文例B〉も同様に見てみる.

〈文例B〉

① Famous wild animals live in some countries of the world. ② For example, lions, tigers, bears, and so on. ③ And I like elephants. ④ But I have never ridden on an elephant. ⑤ So I want to ride on an elephant.

① これもまた〈文例A〉と同じく,誰にも教える必要のない,当たり前すぎる話から始まっている.
② 大文字のFから始まり,ピリオドで終わる形式で書かれているのに,主語も動詞もなく,小学生っぽい不完全なセンテンスである.
② for exampleが条件反射的に文頭に置かれている.
② 日本語なら「など」を付けるところだからというので,and so onを条件反射的に付けている.

③④　ここにも「文のぶつ切り」問題.
③④⑤　elephant が繰り返し現れるが, ふつうそうならないために使うべき代名詞が使われていないと同時に, 理屈の流れに破綻がある.
⑤　〈文例 A〉と同じく, 強い因果関係があるわけでもないのに, 接続詞の so を使っている.
④⑤　ここまでの文章が「ライオンや虎, 熊など」の野生動物について書かれているため, ここで登場する elephant もまた「野生の象」と見えてしまい,「野生の象に乗ることを考えているのか」と, いらいらしてしまうくらい理屈の流れにズレが目立つ.

　この 2 つの「反面教師」の文例は, ざっとあげても, これだけの問題点をはらんでいるのである.
　ここまですでに見てきた「不完全」問題や「ぶつ切り」問題, so の使い方のことなどは前の章を見てもらうこととして, ここではその他の気になる問題をいくつかピックアップし, 解決策を考えていこう.

「～と思う」と思うな!?

　まず, 学生に限らず, 日本人の英語に頻繁に見られる問題点の 1 つが,「**〈意見〉の問題ではないのに "I think" を付ける**」ということである. 〈文例 A〉には,

So there are extremely many kinds of animals which

are pets, **I think**.（だから，ペットである動物の種類が極めて多い**と思う**）(A-②)

とあるが，ここでは I think は必要ないばかりか，あるととても奇妙な印象を与えてしまうのである．I think は，書き手の「意見」を示す表現なのに，ここで言われていることは「意見」ではなく，誰でも知っている事実だからだ．

　日本語には，とかく「断定」を避けて遠回しに表現しようとする傾向があるからか，「意見」ではなくても，文末に「〜と思う」と付ける場合が多いようである．そのため，上記の「だから，ペットである動物の種類が極めて多い**と思う**」という文も，日本語なら奇異に感じられないのかもしれない．しかし，英語の I think の用法は，日本語の「〜と思う」の用法ほど緩くはなく，「確かではないが，私の意見では〜である」と述べるのが主な仕事である．そのため，当たり前の事実を述べるときに I think を付けると，とても奇妙に響く．

　A-②の文についていえば，人間にペットとして飼われている動物の種類は「極めて多い」に決まっている．そのため，ここで "..., I think." と書くのは，「文法的誤り」ではないが，おかしく感じられてしまうのである．

「〜したいと思う」

　この章の冒頭にあげた例文の問題も，「I think 問題」

を示す好例である．もう一度引用してみよう．講演会の冒頭で，「本日は長期予報の可能性についてお話ししたい**と思います**」と言おうとして，下記のように言ってしまった，ということだった．

> Today **I think** I would like to speak about the potential for long-range forecasting.

さて，この英語はどのように聞こえてしまうのだろうか．「～**したいと思う**」という日本語表現自体はごくふつうで，たとえば，某レストランで次のような発言も耳にしたことがある．

> 「僕は食後のリキュールも飲んでみたいと思うんだけど」

これは英語でも同様に，

> **I think** I'd like to try an after-dinner liqueur.

と言ってもおかしくない．が，上記のような講演の開口の言葉で「～についてお話ししたいと思います」というような場合であれば，絶対に "I think" を付けた言い方はしない．なぜなのだろう？

簡単に言えば，「～したいと思う」を表す "**I think** I would [I'd] like to...." は，**その場で思うようになった場合だけにしか使わない言い方**だからだ．レストランの場合は，まさに「その場で思うようになった」ことを述べているから問題ないが，それに対して，講演の場合は，何について話すかは前から決めているはずなのでI think はおかしい．こんなときに I think を付けると，まるで「本日は長期予報の可能性についてお話ししたい**ような気がします**」と言っているかのように感じられるのである．

いずれにせよ，日本語の「〜と思う」に引きずられて I think をむやみに付けると，場違いなことが多い．「私が思うには」というように，あえて「意見」として述べる必要があるかどうか，ひと呼吸おいて考えてみてほしい．

「〜など」にも注意を

冒頭にあげたもう 1 つの例文にあった「〜など」の問題も確認しよう．厳密に言えば「〜など」を省いても意味が変わらないという日本語はよくあり，「調味料として，私は，塩や胡椒，オレガノ**など**を使いました」というのも，そうしたケースかもしれない．簡単に言えば，実際に調味料として使ったのは塩と胡椒とオレガノだけだった場合であっても，何となく「など」を付けたくなる感覚が日本語の特徴なので，実際問題として，この文から「など」を省いても意味が変わらない可能性は十分にある．日本語にはこうした「**フィーリングで使う〈など〉**」が当然のものとして存在するわけだが，英語には同じような感覚がないので，

For seasoning, I used salt, pepper, oregano, **and so**

on.

という英文を読むと,「他に使った調味料は書ききれないほど多かったというのか？　みんな書いてくれよ！」といらいらしかねないのである.

　実際,日本人の書いた英文には,「〜など」のつもりで,やたらと and so on を用いるという問題が目立つ.たとえば,「反面教師」の〈文例 B〉にあった

　　For example, lions, tigers, bears, **and so on**.（たとえば,ライオンや虎,熊**など**）(B-②)

の and so on である. そもそもこの文には主語も動詞もなく,せめて

　　For example, **there are** lions, tigers, bears, and so on.

のように,主語と動詞として there are などを入れるべきだという大きな難点があるのだが,とりあえずそれはおくとしても,こうした and so on の使い方はいただけない.

　確かに and so on 自体は,英語表現として存在しているのではあるが,言い回しとしてこれといった魅力のない言葉で,私はこれまでの長い人生で一度も使ったことはない. 私の見る限り, and so on を多用するのは,英語教育を日本で受けた人だけである.

いったい全部でいくつある？

　学生の英作文のみならず，日本人の書いた英語の学術論文にも「条件反射的な and so on」はよく見られる．

　たとえば，私がこれまで添削してきた，文学作品を扱った論文のなかに，次のような例があった．「たとえば，このエッセイでは，嫉妬や野心，背信**など**という最も有意義なテーマが論じられている」と言おうとして，

> For example, in this essay, the most significant themes of jealousy, ambition, betrayal, **and so on** are discussed.

とした英文である．ここでの and so on は，2つの点で引っかかる．まず，論文の文体としては，比較的カジュアルに感じられる and so on よりも etc.（= et cetera）のほうが適切だろうということ．しかし，それよりも気になるのは，この筆者にとって "the **most** significant themes"（最も有意義なテーマ）と言えるものは具体的にいくつあるのだろう，という問題だ．

　この英文だけを見ると，and so on と言うからには，書き手にとっての the **most** significant themes（最も有意義なテーマ）は，ここであげられている jealousy, ambition, betrayal 以外にもまだあるように思える．もし「最も」がなくて単に「有意義なテーマ」についての話ならまだしも，「最も有意義なテーマ」という話なので，その数はかなり限られているはずだろう．ならば，最後

を「など」で終わらせずに，すべてをリストアップしてはどうか，と勧めたくなる．

ところが，実際に添削するにあたって，「最も有意義なテーマは全部でいくつあるのでしょうか」と筆者に訊いてみると，「いや，この3つがいちばんです」と言われる．それならば，そもそも and so on を使う必要はなく，

> For example, in this essay, the most significant themes of jealousy, ambition, and betrayal are discussed.（たとえば，このエッセイでは，最も有意義なテーマである嫉妬と野心と背信が論じられている）

と書けばいいのである．

「大人のための」解決策

とはいえ，学術論文の場合は，「フィーリングの〈など〉」にはあたらない，実際に役立つもう1つの「など」がある．それは，付けたほうが無難だという「など」だ．

たとえば，「など」をなしにして，「最も有意義なテーマは嫉妬と野心と背信だ」といった趣旨がはっきり表されている場合，あとで「倦怠も同じくらい有意義なテーマではないか」と指摘されて，そのリストは不完全だと非難される可能性がある．こうした場合に，「付ければ

セーフの〈など〉」がよく登場するのだ.

　実際,書き手に確認してみると,「考えてみれば,**most** significant(**最も**有意義な)はちょっと言い過ぎで,本当は significant だけでいいですし,すべてをリストアップすると長くなりますから3つだけにしました」と言われることも十分ありえる.そうした場合には,

> For example, in this essay, the significant themes of jealousy, ambition, betrayal, **etc.** are discussed.（たとえば,このエッセイでは,嫉妬や野心,背信**など**の有意義なテーマが論じられている）

と,etc. を使うことができる.しかし,もう少し品格のある書き方としては,たとえば

> For example, in this essay, **such** significant themes **as** jealousy, ambition, and betrayal are discussed.（たとえば,このエッセイでは,嫉妬や野心,背信**など**のような有意義なテーマが論じられている）

あるいは

> For example, in this essay, a number of significant themes are discussed, **including** jealousy, ambition, and betrayal.
> （たとえば,このエッセイでは,嫉妬や野心,背信**など**,いくつもの有意義なテーマが論じられている）

のように,"such... as..." あるいは "..., including..." を

使った表現もふさわしい.

この2つの言い方は, いずれも, and so on の代わりになってくれる便利な表現である上に, 文全体が少し「大人の文章」に感じられるので, 論文でなくともカジュアルでない文章を書く際にお勧めの表現である.

these days 問題

しつこいようだが, いかにも「日本人の条件反射」的な表現と感じるものをもう1つだけあげれば, 〈文例A〉の

> **These days**, the cats which live with people are more than 600 million.（A-⑥）

の these days がある. 日本人の書いた英文を見ると,「この頃,」や「最近は,」が日本語の文頭に来るときは, 英語でも迷わず "These days, ..." を文頭に置くというお決まりの傾向が実に強い.

しかし, 前述の and so on と同じく, these days も言い回しとして魅力がなく, やはり私がこれまでの長い人生で一度も使ったことのない言い方である. また, 私の見ている限り, 常に "These days, ..." を使うのは, 日本人だけである.

these days という表現は, 英語では特に「常に文頭に置くべき」表現ではない. それなのに, 内容との整合性もなく, 機械的に文頭に置くのは, 単に日本語表現に引

きずられているだけであろう．そして，もう1つ，these days は，語感として「この頃」や「最近」というよりも，「**今どき**」に近いということもある．日本語の「今どき」は，昔と対比しながら，「**今どきの若いお母さんたちは，お箸の持ち方も知らない**」や「**今どきの男性には，肉食系が少ない**」などのように，批判的な意味を含んで使われることが多いが，these days もそういう表現なのだ．たとえば，

> Politicians **these days** lack core beliefs.（今どきの政治家は信念に欠けている）

や

> College professors **these days** seem more interested in doing their own research than in teaching students.（今どきの大学教授は，学生に教えることよりも，自分の研究をすることに関心が高いようである）

のような使い方が典型である．これがわかれば，these days が「この頃」「最近」と言いたいときに常に使える言葉ではないことがよくわかるだろう．

these days を使わないためには？

それでは「この頃」「最近」と言いたいときは，どうすればいいだろうか．多くの場合，these days よりも，recently や lately，today，at present，now などを使っ

たほうが「大人の文章」になる．たとえば，前述の

> **These days**, the cats which live with people are more than 600 million. （A-⑥）（**今どき**，人間とともに暮らしている猫は6億匹以上である）

の場合なら，言いたいことは，「今どき」よりも「今日」や「現在」「今のところ」という感じなので，

> **Today** [**At present**; **Now**], more than 600 million cats live among humans.（**現在**，6億匹以上の猫が人間とともに暮らしている）

と書き直せばすっきりする．

なお，さらに洗練された文にしたい場合，recently や lately, today, at present, now を文頭ではなく，文中や文尾に置くことも考えておくといい．つまり，

> More than 600 million cats **now** [**at present**; **today**] live among humans.
>
> More than 600 million cats live among humans **now** [**at present**; **today**].

などのような書き方である．英語としてはどちらかと言えば，このほうが「こなれた文章」という感じになるのだ．

まとまった文章を書くときに

さて，次に，「反面教師」〈文例 A, B〉について，残った問題のなかで考えてみたいのは，代名詞の使い方であ

る．というのも，代名詞を用いて，必要以上に同じ名詞を繰り返して使わないことが英語の基本の1つだからである．たとえば，

> And I like **elephants**. But I have never ridden on an **elephant**. So I want to ride on an **elephant**. （そして，私は象が好きです．しかし，私は象に乗ったことがありません．従って，私は象に乗りたいです）（B-③④⑤）

にあった「ぶつ切り」問題と論理的問題を直して，

> I like **elephants**, but I have never ridden on an **elephant**, and I want to ride on an **elephant**.

と，理屈の流れがきちんと通っている1文にまとめたとしても，まだ elephants-elephant-elephant の繰り返しが非常に気になる．これは，極めて「子供っぽい」書き方なのだ．

そこで，たとえば

> I like elephants, but I have never ridden on **one**, and I would like to do **that**.

のように，代名詞の one と that を使って書き直せば，文章がすっきりする．が，なぜか，こうした代名詞の使用を思い付かない人が意外なほど多い．

なお，

> However, **cats** are more important than dogs. Because **cats** are the most popular. These days, the

cats which live with people are more than 600 million.（A-④⑤⑥）

も同じく，

Cats are more important than dogs because **they** are more popular, and today more than 600 million of **them** live with people.

のように代名詞を使えば，「〈子どもっぽい〉名詞の繰り返し」がなくなる．

関係代名詞を使いこなそう

one のような一般的な代名詞よりもさらに日本人が苦手とするのが，関係代名詞ではないだろうか．「文のぶつ切り」を解消し，「複数の短い文を，1つにまとめて書き直す」ことを試みようとするときに，見事に活躍してくれるのが関係代名詞である．が，残念ながら，稚拙な使い方をすると，かえって逆効果になる場合もある．

たとえば〈文例 A〉の以下の文．

There are extremely many kinds of **animals which are pets**.（**ペットである動物**の種類が極めて多い）（A-②）

ここは特に関係代名詞を使う必要はなく，

Very many kinds of animals are kept as pets.

のようにすればすっきりする．

あるいは，

Many people keep pets. So there are extremely many kinds of **animals which are pets**, I think.（ペットを飼う人が多い．だから，**ペットである動物**の種類が極めて多いと思う）(A-①②)

を全部 1 つにまとめて，

People keep a variety of animals as pets.（人間はさまざまな動物をペットとして飼う）

のように書けば，いちばんすっきりするだろう．

正確に対応しているか？

〈文例 A〉にはもう 1 つ関係代名詞が登場している．

the cats **which** live with people are more than 600 million（人間とともに暮らしている猫は 6 億匹以上である）(A-⑥)

この文にはまず 1 つ大きな論理的問題がある．それは，関係代名詞の which が cats を受けているので，意味の上で，「猫」が「6 億以上」という関係になってしまっていることだ．本当は，「6 億以上」なのは猫の「数」である．そのため，これはまず

the **number** of cats which live with people is more than 600 million（人間とともに暮らしている猫の数は 6 億匹以上である）

のように書き直す必要があるのだ．

さらに言えば，本当は関係代名詞を用いる必要もなく，

単に

> More than 600 million cats live with people.

と書けばいい．簡潔にできるなら，それに越したことはない．

復習しておくと，
(1) 関係代名詞を用いる場合，それが正確に前出の言葉を受けているかどうかを必ず確認すること
(2) 本当はわざわざ関係代名詞を用いることなく，もっと簡潔な表現ができるのではないかと考えてみること

である．この訓練を繰り返していけば，幾分か「大人の文章」に近づくことは間違いない．

関係代名詞と「同格」表現

補足しておけば，

> Kyoto, **which was** the capital of Japan during the Heian period, is a wonderful city.（平安時代に日本の首都だった京都は，素晴らしい都市である）

のように，関係詞節がコンマに挟まれる「非制限用法」があるが，この文のように動詞が be 動詞の場合には，

> Kyoto, **the capital of Japan during the Heian period**, is a wonderful city.

のように，関係代名詞を使わず，**同格**の形で表現したほうがすっきりするケースが実に多い．ちなみに，1章(6

頁)で触れた "Ayaka, a classmate" もこのケースなのであり，関係代名詞でも書けるが，同格の形のほうがすっきりするのである．

ただし，同格の用法について注意すべき点が1つだけある．それは，関係詞節と同じように，同格にも「制限用法」と「非制限用法」があることだ．たとえば，「コンマ無し」の

> Her younger brother Andrew is a professional mahjong player.

と，「コンマ有り」の

> Her younger brother, Andrew, is a professional mahjong player.

は，いずれも「彼女の弟のアンドルーは，プロの雀士である」と訳されるが，英語としては，それぞれの意味が違う．具体的に言うと，「コンマ無し」(制限用法＝限定用法)の言い方では，「彼女」には弟が**複数**おり，Andrew は**その中の1人**である，ということになるが，これに対して，「コンマ有り」(非制限用法＝非限定用法)の言い方では，Andrew が彼女の**唯一**の弟となる．つまり，書く側の立場から言えば，"Her younger brother"(彼女の弟)と言える複数の人間を Andrew という1人に「限定」する必要があるときには「コンマ無し」(制限用法＝限定用法)を使い，そもそも「彼女の弟」と言える人間は Andrew しかいないときには，"Her younger brother" を Andrew という 1 人に限定する必要がないので「コンマ有り」(非制限用法＝非限定用法) で書けばいいのだ．

　たかがコンマ，と思うかもしれないが，そこにもちゃんと意味がある．「なんとなく」，気分で付けてしまったコンマによって，Andrew 以外の弟を「いないことにしてしまう」かもしれない．同格は立派な表現なので，用いる習慣を身につけるといい英文ができるのだが，同時にコンマの付け方にも気をつけよう．

「はじめ」も肝心

　そろそろ本章を閉じようと思うが，最後に〈文例 A, B〉のいずれについても，1 文目について「わざわざ述べなくてもいいことから始まっている」ということを問題として指摘したことにふれておこう．日本語の場合は，おそらくどちらの文例も問題ないと感じられるだろうが，英語では，

　　Many people keep pets.（ペットを飼う人が多い）

や，

　　Famous wild animals live in some countries of the world.（世界のいくつかの国には有名な野生動物が生息している）

などの当たり前なことで文章を始めると，かなり浮いてしまうことが多い．こうしたセンテンスを見ると，「英

語圏人」の読者は「誰のためにこんな当然のことを指摘しないといけないと思っているのだろう？ そのくらいは，小さい子どもだってよく知っていることだ．当たり前すぎることを書くな」と思うかもしれないのである．書き手の印象を損ねてしまいかねないので，自分の主張する内容にとって本当に必要な文かどうか，一度点検する習慣を身につけたほうがいい．

私ならこう書く

では，最後に，2つの「反面教師」について，私ならこう書くという添削例をあげておこう．

〈文例A〉

While dogs certainly have a special importance **among** the many kinds of animals that people keep as pets, the cat is in fact the most popular of all, **with** more than 600 million of them now living among humans.（人間がペットとして飼う多くの種類の動物の中でも，犬の存在は確かに特別であるが，実際のところ，猫が最も人気のある動物であり，現在6億匹以上の猫が人間とともに暮らしているのだ）

〈文例B〉

Among the many wild animals in the world, I **particularly** like elephants, and sometime I would like to try riding on a **tame one**.（世界の数多くの野生動物の中でも，私は象が特に好きで，いつか，飼いならされた象に乗ってみたいです）

おわりに ── 3つの「小ワザ」伝授

　さて，前章末で「大人の英文」にするための添削例を示したが，皆さんどう思われただろうか？　「勉強したって，こんな英文が書けるようにはならないよ」とあきらめてしまう読者もおられるかもしれない．確かに，本書の「はじめに」でも述べたように，外国語で自然な文章を書くことはとても難しいことである．

　しかし，だからといってあきらめてしまうのはもったいない．せっかく英語で何かを書くならば，少しでも正確に，そして少しでも「かっこよく」書きたいものではないか？

　本書の最後に，文章の「洗練度」を少しだけ上げてくれるであろう「小ワザ」を3つ紹介しよう．

　それでは，最後の問題．「しかし，スポーツイベントを観ない人は多い」と言いたいとき，①のように書くのと，②のように書くのとでは，どう違うだろうか？

① **However**, many people do not watch sporting events.
② Many people, **however**, do not watch sporting events.

考えてみてほしい．

　願わくば，今後英文を書く何かの場面で，「ちょっと使えるヒント」となりますように．

＊　　＊　　＊

さっそく，however

それでは「小ワザ」の1つめ．比較的易しいワザである．それは，〈**日本語で文頭にくる副詞は，英語では文中に置いたほうが自然に感じられることが多い**〉ということだ．

そこでさっそくだが，先ほどの答えを発表しよう．
問い：「しかし，スポーツイベントを観ない人は多い」と伝えたいとき，①のように書くのと，②のように書くのとでは，どう違うだろうか？

① **However**, many people do not watch sporting events.
② Many people, **however**, do not watch sporting events.

答え：意味は同じであり，いずれも正しい英文であるが，②のほうが圧倒的に洗練された文章に感じられる．

日本人の書く英語では，however が使われている場合，日本語の「しかし，……」や「ところが，……」が文頭に置かれることに引きずられるためか，たいてい however が，"However, ..." のように，「文頭」に置かれる．しかし，洗練された英文では，however は「文中」に置かれることが圧倒的に多く，そのほうがすっきりした文体に感じられるのである．

「たとえば」, for example

however ばかりでなく，日本語に引きずられて日本人の英語ではたいてい文頭に置かれるが，洗練度の高い英文ではたいてい文中に置かれると思われる副詞や副詞句はいくつもある．たとえば，前章の「反面教師」の文例にも登場していた for example (＝たとえば)が，その1つである．

日本人の，「〈たとえば〉は文頭に置くから，for example も文頭」という思い込みはかなり強固なようである．以前，入試でアニマルセラピーに関する和文の「部分英訳」を出題したことがある．その中に，「**たとえば**，ペットを飼っていない心臓発作の患者より，飼っている患者のほうが，回復が早い」という文があった．これに対し，私が見たかぎりすべての受験生は躊躇せずに，

For example, heart attack patients owning pets recover more quickly than those without pets.

のように，for example を文頭に置いていた(その他の部分が正しく解答できたかどうかは別問題として)．

もちろん，この英文は文法的には問題ない．しかし，

Heart attack patients owning pets, **for example**, recover more quickly than those without pets.

のように，for example を文中に置けば，もう少し洗練された文体になるのである．

正しい位置は？

その他，of course（もちろん），consequently（従って），naturally（当然のことながら），obviously（明らかに）なども同様に，文頭よりも文中に置いたほうがふさわしいケースが多い．たとえば，「**もちろん，必ずしもそうとは限らない**」を

Of course, that is not necessarily always the case.

のように訳しても間違いにはならないのだが，

That is not necessarily, **of course**, always the case.

と書いたほうが，表現の「洗練度」が高い．

しかし，ひとことで「文中に置く」といっても，具体的にどこに置けばいいのだろうか？　残念ながら，これは感覚の問題であり，これといったルールがないのだが，ある種のパターンはあるように思われる．上の例文で言うならば，not necessarily（必ずしも……ない）という部分が，文の伝える内容からして特に重要に思われるので，

That is **not necessarily**, **of course**, always the case.

と，そのすぐ後に of course を置くとちょっとした強調になり，しっくりとくる．

あるいは，たとえば「当然のことながら，未だに従来の療法しか用いない医者もいる」と伝えたい場合も同様に，

Some doctors, **naturally**, still employ only conventional therapies.

と"Some doctors"のすぐ後にnaturallyを置けば,「ある医者は未だに……」ということを軽く強調してくれるので,ちょうどいいのである.

また,たとえば「従って,現在,多くの医師は新しい療法を当てにするようになっている」と伝えたい場合なら,

> Many doctors today have, **consequently**, begun to rely on a new therapy.

とするのが格調の高い表現に感じられる. 一般的に言って,助動詞と動詞との間に副詞を置くことがきわめて多い,というパターンもここにはあるのだ.

「明らかに,新しい療法のほうが最も効果的なのである」と伝えたいなら,これまでの例と同じように,

> The new therapy is, **obviously**, the most effective.

と文中に置いたほうが洗練度の高い文体になるが,この文のように「be動詞」しかない場合は,動詞のすぐ後に副詞を置く傾向が強い,というパターンもある.

こうしたパターンを覚えておけば,ある程度の応用がきくのではないかと思う.

条件節を導く接続詞

では,2つめの小ワザにいってみよう. それは,〈**接続詞を工夫してみる**〉ということだ. 概して,「しかし」= but,「なぜなら」= because,「もし」= if, のように,

ある日本語表現に対して決まった接続詞しか使わない人が多いように思われる．だが，当然ながら，英語にはいろいろな接続詞があるので，うまく使いこなせば文章をより「かっこよく」することができる．

たとえば，譲歩の副詞節を導く接続詞について．「〜(である)が，それでも…」や「〜にもかかわらず…」などというときの接続詞である．「私のカメラはけっこう古い**が，それでも**いい写真を撮ってくれる」と言いたいとしよう．ごくふつうには，

> My camera is quite old, **but** it **still** takes nice pictures.

と書いてもいいが，ここで although や though, even though などを使って，

> **Although** [**Though**; **Even though**] my camera is quite old, it still takes nice pictures.

とすると，文体が幾分か格調高く感じられる．

あるいは，while という接続詞の用法にも，似たような現象が見られる．とりわけ，たとえば「私は，その映画は素晴らしいと思った**のに**，彼女はひどいと思った」のように，2つのものを対比しながら伝えたいときに役立つ表現だ．

> I thought the movie was wonderful, **but** she thought it was terrible.

と but を使って書いても文法的には問題ないのだが，

これでは日本語の「のに」に感じられる「私」と「彼女」との「対比」の強調が特になく，文体もまた平凡すぎるという印象である．そんなとき，while が最適の接続詞であり，

While I thought the movie was wonderful, she thought it was terrible.

とすれば，対比を強調的に表すことができ，「洗練度」も上がるのだ．

いよいよ，分詞構文

さて，いよいよ 3 つめの「小ワザ」を紹介しよう．それは〈分詞構文を使ってみる〉ということである．日本人には，分詞構文というと，かなり難しいイメージを持つ人が多いようだ．硬い文法用語として言葉を覚えているだけで，使おうとしたことがない，というケースも決して珍しくないように思われる．「怖くて使えない」のかもしれないが，これは非常にもったいないことである．

日本人の英語の中でもっともよく見かける分詞構文は，下記の例に見られる，学術論文に決まり文句として登場する "Assuming～, ..." を使った構文である．たとえば，「静電容量が一定不変の値だとすれば，電圧は 1.5 v 以下だと推測できる」を伝えるために，

Assuming capacitance to be a constant value, we can estimate the voltage to be less than 1.5 volts.

と書くような場合である．この"Assuming...,"＝「～だとすれば」のような，決まり切った言い回しだけは一般的に用いられているが，それ以外には，分詞構文が使われることは極めて少ない．

because の代わりに

そうはいっても，いきなり自在に分詞構文を使いこなすというのはハードルが高いだろう．そこでまず，分詞構文のさまざまな用法の中でも，「原因や理由を表す分詞構文」が使えるように，少し練習してみよう．もちろん，ふつうに because や since で述べてもいいのだが，そのときに「ひと工夫」できないか，と考えてみるといい．

たとえば，「先約が**ありましたので**，私はその招待を辞退しました」ということを述べたい場合，

　Because[**Since**]I had a previous engagement, I declined the invitation.

と平凡な文体で書いても伝えたいことは伝わるが，これは次のようにも書ける．

　Having a previous engagement, I declined the invitation.

このように変えるだけで，英語圏の人間から見ても，立派な「大人の文章」に変身するのである．こうした用法には現在分詞を使うことがもっとも多い．

もう1つ例をあげれば,「彼女は, 会費を払うのに現金が必要だと**思い出したので**, 途中で銀行に立ち寄った」ということを

Recalling that she needed cash for the party-fee, she stopped by a bank on her way.

のように表現するのが典型である.

　否定の形で使う現在分詞も多い. たとえば,「私は, 駅までの行き方が**わからなかったので**, 地元の人に道順を訊いた」と伝えたいならば,

Not knowing how to get to the station, I asked a local resident for directions.

と表現すればいい.

　また, 現在分詞だけではなく, 過去分詞を使って「原因・理由」を示している場合もあわせて見ておこう. たとえば,「彼は, 帰るよう**命令されたので**, すぐにそうした」と伝えたいとき,

Ordered to return home, he did so immediately.

とすればいい. これはもともと, 過去分詞が含まれる受動態(受け身)表現の省略であって,

Having been ordered to return home, he did so immediately.

のように現在分詞の部分の "Having been" が省略されているものである.

ネイティヴもときに

 なお，分詞構文の用法について，1つだけ注意を加えておこう．前述のような形をとる分詞構文では，**現在分詞の主語と主節動詞の主語が必然的に同じものになる**，ということだ．これは，ネイティヴ・スピーカーの書いた英文にも時々見られる，文法のうっかりミスなのだが，たとえば「公園を**歩いていて**，**突風**が私の帽子を**飛ばしてしまった**」と伝えたいときに，

> **Walking** through the park, **a gust of wind blew** my hat off.

としてしまうようなミスである．分詞構文で書かれた Walking の主語は，文法的に，主節動詞の blew の主語 "(a) gust (of wind)"（＝突風）と同じでなくてはならないので，これだと「突風」が「公園を歩いていた」ということになってしまうのだ．いちばん簡単にこの問題を避けるためには

> **As I was** walking through the park, a gust of wind blew my hat off.（公園を歩いている**時**，突風が私の帽子を飛ばしてしまった）

のように，文頭の従属節を，現在分詞の本当の主語をはっきり指し示す形にすることである．そうすれば，当然のことながら，問題がなくなる．

 ここで紹介した「小ワザ」は3つだけだが，これら

を活かす機会はきっとあるだろう．また，この3つを，本書のこれまでの章にあった指摘と合わせて利用すれば，皆さんの書く英文のレベルは確実に上がるはずである．

　それから，もう1つ．良い英文をたくさん読むことだ．これは語彙を豊かにするための一番の近道である．たくさん読むうちに，そこで出会った英文の形も無意識のうちに次第に自分の書く文章に反映されるようになる．

　外国語でものを書くには「実践」あるのみ．勇気をもって，「英語で伝える」ことに挑戦していってほしい．

あとがき

　私の最初の著書『日本人の英語』を上梓してから25年がたった．四半世紀を経て，日本人の英語はどうなっただろうか，そして私の日本語はどうなっただろうか．

　最初の問いについては，明確に答えることはできない．毎年新しい大学生と接し，1人1人をみていれば，たしかに1年前，2年前よりはよくなった（こちら側の自己満足かもしれないが），と思うことは多い．しかし，残念ながら，私が接する大学生の英語力が全体として，毎年少しずつ向上してきているなあ，とはなかなか感じられない．もちろん，これは彼らの勉強の足りなさのせいばかりにはできないと思う．英語の学び方にも（教え方といってもいいが）足りないところがあるだろう．

　この本は，学生たちの作る英文にみられる問題点をきっかけにして，英語を書くという実践に少しでも役立つように，と考えて書き始めた．彼らが社会に出て出会う状況も想定したいと思って，そういう例文も作ってみた．それでも結果として，ここで指摘していることは，25年前の本とあまり大きく変わっていないともいえる．それは25年前と同様，日本語という言語の特性からくる問題が大きいからだろう．論理構造が大きく異なる日本語から英語へと，頭を切り替えていくときの注意点をい

つも意識すれば，確実に意味の通じる英語が書けるようになっていく．この本ではその注意点がどこにあるかを，英語を書くという実践にあわせて指摘したい，と思って書いてきた．

さて，2つ目の問いだが，これは読者に判断していただくしかない．けれども自己診断としては，四半世紀もかかってではあるが，少しは向上したのではないかと思う．この文の意味はこうですか，それともこうでしょうか，と編集者に確認されることはほとんどなくなったし，「てにをは」の間違えやすい自分のクセのようなものを意識することで，かなり感覚が身についてきたように思う．それでも日本人の小説や優れたエッセイなどを読んだあとに自分の書いた日本語を読むと，どことなく不自然に感じる．その先へ進みたいものだが，それにはやはりたくさん読んで，たくさん書くしかないのだろう．

その点で，日本語を書くもっともよい実践の場を与えてくれた岩波新書編集部の古川義子さんにあらためて感謝したい．彼女の熱心で粘り強い督促により，3年もかかってしまったが，ようやくここまで来ることができた．また，同じく岩波書店の富田武子さんと天野泰明さんには，企画の構想段階から完成にいたるまで，ずっと伴走してもらった．長年の友人でもあるお2人のご厚意に，心からお礼申し上げる．あわせて，日本語表現の意味や使い方に関する私の疑問に，いつも明確な説明をしてく

れる親友の佐藤信夫さんにも感謝申し上げる．

　「あとがき」の締めくくりにはふさわしくないかもしれないが，ひとつだけ最近の日本で，気になっていることに触れたい．英語か日本語かにかかわらず，文章の意味をしっかりつかむ，よく考えて文章をつくる，といった基本的なことがちゃんとできているかどうか，不安に感じることが増えてきたのである．それは学生に限らない．このことは単に英語で会話ができるかどうかといった，その場その場のコミュニケーション力の問題よりも，ずっと真剣に考えるべき課題だと思う．しっかりと考え，深く感じるためにこそ，私たちは読んだり，書いたり，外国語を学んだりするはずだからだ．本書を通じて一番実践してもらいたいのは，実はそのことかもしれない．

2013 年 3 月

マーク・ピーターセン（Mark Petersen）
アメリカのウィスコンシン州出身．コロラド大学で英米文学，ワシントン大学大学院で近代日本文学を専攻．1980年フルブライト留学生として来日，東京工業大学にて「正宗白鳥」を研究．
現在―明治大学名誉教授
著書―『日本人の英語』『続 日本人の英語』『心にとどく英語』(以上，岩波新書)
『英語のこころ』(集英社インターナショナル新書)
『表現のための実践ロイヤル英文法』(共著，旺文社) ほか

実践 日本人の英語　　　　　岩波新書(新赤版)1420

　　　2013年4月19日　第1刷発行
　　　2024年1月15日　第13刷発行

著　者　マーク・ピーターセン

発行者　坂本政謙

発行所　株式会社 岩波書店
　　　　〒101-8002 東京都千代田区一ツ橋2-5-5
　　　　案内 03-5210-4000　営業部 03-5210-4111
　　　　https://www.iwanami.co.jp/

　　　　新書編集部 03-5210-4054
　　　　https://www.iwanami.co.jp/sin/

印刷・精興社　カバー・半七印刷　製本・中永製本

© Mark Petersen 2013
ISBN 978-4-00-431420-2　Printed in Japan

岩波新書新赤版一〇〇〇点に際して

 ひとつの時代が終わったと言われて久しい。だが、その先にいかなる時代を展望するのか、私たちはその輪郭すら描きえていない。二〇世紀から持ち越した課題の多くは、未だ解決の緒を見つけることのできないままであり、二一世紀が新たに招きよせた問題も少なくない。グローバル資本主義の浸透、憎悪の連鎖、暴力の応酬——世界は混沌として深い不安の只中にある。

 現代社会においては変化が常態となり、速さと新しさに絶対的な価値が与えられた。消費社会の深化と情報技術の革命は、種々の境界を無くし、人々の生活やコミュニケーションの様式を根底から変容させてきた。ライフスタイルは多様化し、一面では個人の生き方をそれぞれが選びとる時代が始まっている。同時に、新たな格差が生まれ、様々な次元での亀裂や分断が深まっている。社会や歴史に対する意識が揺らぎ、普遍的な理念に対する根本的な懐疑や、現実を変えることへの無力感がひそかに根を張りつつある。

 しかし、日常生活のそれぞれの場で、自由と民主主義を獲得し実践することを通じて、私たち自身がそうした閉塞を乗り超え、希望の時代の幕開けを告げてゆくことは不可能ではあるまい。そのために、いま求められていること——それは、個と個の間で開かれた対話を積み重ねながら、人間らしく生きることの条件について一人ひとりが粘り強く思考することではないか。その営みの種となるものが、教養に外ならないと私たちは考える。歴史とは何か、よく生きるとはいかなることか、世界そして人間はどこへ向かうべきなのか——こうした根源的な問いとの格闘が、文化と知の厚みを作り出し、個人と社会を支える基盤としての教養となった。まさにそのような教養への道案内こそ、岩波新書が創刊以来、追求してきたことである。

 岩波新書は、日中戦争下の一九三八年一一月に赤版として創刊された。創刊の辞は、道義の精神に則らない日本の行動を憂慮し、批判的精神と良心的行動の欠如を戒めつつ、現代人の現代的教養を刊行の目的とする、と謳っている。以後、青版、黄版、新赤版と装いを改めながら、合計二五〇〇点余りを世に問うてきた。そして、いままた新赤版が一〇〇〇点を迎えたのを機に、人間の理性と良心への信頼を再確認し、それに裏打ちされた文化を培っていく決意を込めて、新しい装丁のもとに再出発したいと思う。一冊一冊から吹き出す新風が一人でも多くの読者の許に届くこと、そして希望ある時代への想像力を豊かにかき立てることを切に願う。

(二〇〇六年四月)

岩波新書より

言語

やさしい日本語	庵 功雄
世界の名前	岩波書店辞典編集部編
60歳からの外国語修行 メキシコに学ぶ	青山 南
『広辞苑』をよむ	今野真二
英語独習法	今井むつみ
うつりゆく日本語をよむ	今野真二
優しいコミュニケーション	村田和代
英語学習は早いほどよいのか	バトラー後藤裕子
ものの言いかた西東	小林美幸・澤村美幸
日本語スケッチ帳	田中章夫
日本語の考古学	今野真二
辞書の仕事	増井 元
実践 日本人の英語	マーク・ピーターセン
ことばの力学	白井恭弘
百年前の日本語	今野真二
女ことばと日本語	中村桃子

タイトル	著者
テレビの日本語	加藤昌男
日本語雑記帳	田中章夫
心にとどく英語	マーク・ピーターセン
英語で話すヒント	小松達也
日本語練習帳	大野 晋
仏教漢語50話	興膳 宏
語感トレーニング	中村 明
日本語の古典	山口仲美
日本語ウォッチング	井上史雄
教養としての言語学	鈴木孝夫
日本語の起源 新版	大野 晋
日本人の英語 続	マーク・ピーターセン
日本語と外国語	鈴木孝夫
日本人の英語	マーク・ピーターセン
日本 語 新版 上・下	金田一春彦
ことばの道草	岩波書店辞典編集部編
日本語の構造	中島文雄
ことばとイメージ	川本茂雄
外国語上達法	千野栄一
記号論への招待	池上嘉彦
翻訳語成立事情	柳父 章
ことばと国家	田中克彦
日本語の文法を考える	大野 晋
漢文と東アジア	金 文京
外国語学習の科学	白井恭弘
日本語の源流を求めて	大野 晋
英文の読み方	行方昭夫
ことば遊びの楽しみ	阿刀田高
日本語の歴史	山口仲美
日本の漢字	笹原宏之
ことばの由来	堀井令以知
コミュニケーション力	齋藤 孝
漢字と中国人	大島正二
日本語の教室	大野 晋
伝わる英語表現法	長部三郎
翻訳と日本の近代	丸山真男・加藤周一

(2023.7)　　　　◆は品切，電子書籍版あり．(K1)

── 岩波新書/最新刊から ──

1989 **シンデレラはどこへ行ったのか**
──少女小説と『ジェイン・エア』── 廣野由美子 著

強く生きる女性主人公の物語はどこから? 英国の古典的名作『ジェイン・エア』から始まるシンデレラ物語の展開を読み解く。

1990 **ケインズ** 危機の時代の実践家 伊藤宣広 著

第一次大戦処理、金本位制復帰問題、大恐慌に関する時論を展開し、「合成の誤謬」となる政治的決断に抗い続けた「実践家」を描く。

1991 **言語哲学がはじまる** 野矢茂樹 著

言葉とは何か。二〇世紀の言語論的転回を切り拓いた三人の天才、フレーゲ、ラッセル、ウィトゲンシュタインは何を考えていたのか。

1992 **キリストと性**
──西洋美術の想像力と多様性── 岡田温司 著

ジェンダー、エロス、クィアをめぐってキリストはどう描かれてきたのだろうか。正統と異端のあいだで揺れる様々な姿。図版多数。

1993 **親密な手紙** 大江健三郎 著

渡辺一夫をはじめ、サイード、井上ひさし、武満徹、オーデンなどを思い出とともに語る魅力的な読書案内。『図書』好評連載。

1994 **社会学の新地平**
──ウェーバーからルーマンへ── 佐藤俊樹 著

マックス・ウェーバーとニクラス・ルーマン──産業社会の謎にいどんだふたりの社会学の巨人。彼らが遺した知的遺産を読み解く。

1995 **日本の建築** 隈研吾 著

都市から自然へ、集中から分散へ。モダニズム建築とは異なる道を歩み、西欧の建築に影響を与え続けた日本建築の挑戦を読み解く。

1996 **文学が裁く戦争**
──東京裁判から現代へ── 金ヨンロン 著

一九四〇年代後半から現在まで、戦争裁判を主要なテーマとした文学作品を取り上げ、戦争を裁き直そうとした文学の流れを上描く。

(2023.12)